은퇴하지않고
일하기

은퇴하지 않고 일하기

지은이 데이비드 보건 · 키이스 데이비스
옮긴이 조경연
펴낸이 안용백
펴낸곳 (주)도서출판 넥서스

초판 1쇄 발행 2010년 1월 10일
초판 2쇄 발행 2010년 1월 20일

출판신고 1992년 4월 3일 제311-2002-2호
121-840 서울시 마포구 서교동 394-2
Tel (02)330-5500 Fax (02)330-5555

ISBN 978-89-6000-752-9 03320

저자와 출판사의 허락 없이 내용의 일부를 인용하거나
발췌하는 것을 금합니다.

가격은 뒤표지에 있습니다.
잘못 만들어진 책은 구입처에서 바꾸어 드립니다.

www.nexusbook.com
넥서스BIZ는 (주)도서출판 넥서스의 경제경영 브랜드입니다.

은퇴하지않고 일하기

데이비드 보건 · 키이스 데이비스 지음 | 조경연 옮김

넥서스BIZ

은퇴를 멀리하고
끈질기게 살아남아라

이 책은 많은 독자를 변화시키기 위해 준비되었다. 은퇴란 우리의 잠재의식에 침투하여 우리가 가장 좋아하는 일을 하지 못하게 만드는 교활한 바이러스와도 같다.

필자들은 이 책을 통해 그 누구도 억지로 은퇴해야 할 필요가 없다는 주장을 펼치고자 한다. 아마도 은퇴하기를 희망하는 사람은 거의 없을 것이다. 어쩌면 변화하는 주위 환경과 요구에 맞춰 삶을 다시 정렬하기를 원할지도 모른다. 일을 멈추고 할 일 없이 빈둥거릴 필요는 없다.

미국에는 베이비 붐 세대(1946년에서 1964년 사이에 출생한 사람들로 상당수가 현재 65세를 향해 달려가고 있다)가 전체 인구의 1/3을 차지한다고 한다. 미국에는 50세가 넘는 인구가 79만 명, 영국에는 20만 명 이상이다. 아주 작은 국가도 예외가 아니다. 지구 아래에 위치한 뉴질랜드도 곧 인구의 25%가 60세 이상이 되는 일촉즉발의 상황에 놓여 있다. 뉴질랜드와 이웃하고 있는 오스트레일리아 역시 45만 명 정도가 베이비 붐 세대이다.

이러한 사실이 정말 놀라운 이유는 은퇴를 앞둔 수없이 많은 사람 중 재정적, 신체적, 정신적으로 은퇴에 대비한 사람이 거의 없기 때문이다. 게다

가 좋아진 먹을거리와 운동, 의료 기술의 발달로 인해 은퇴 이후의 삶은 예전처럼 몇 년이 아닌, 몇십 년 동안 지속될 것이다.

수백만 명의 사람이 누군가가 정해준 날에 일을 그만둘 것이라 예상된다. 재정적 자금 없이 말이다. 하지만 우리를 기다리는 더 냉혹한 현실은 우리가 기대를 걸고 있는 정부가 은퇴자들을 위한 충분한 돈을 보유하고 있지 않다는 사실이다.

풍족한 서구 사회에서는 말 그대로 수억만 명의 40~60대가 겁에 질려 있다. 당신도 그들 중 한 명인가? 곧 있으면 일을 그만두고 은퇴해야 하는 것이 아니냐는 주위 사람들의 반응 때문에 더욱 겁에 질려 있는 것은 아닌가?

이 문제를 해결하기 위해 필자들은 은퇴라는 잘못된 개념을 바로잡을 관리자의 역할을 하고자 한다. 일상생활 속에서 일어나는 대부분의 문제는 순전히 우리의 마음속에 존재한다. 이 책에서 중점을 두는 부분은 태도와 인식의 수정이다. 일단 문제를 해결하게 되면 대개의 경우 문제가 기회로 전환된다. 중국 사람들은 일찍이 이를 이해하고 위기를 '파도 물마루를 타고 오는 기회'라고 여겼다. 돈을 저축하거나 체면을 차리는 것 이외에 필자들이 독자들을 위해 항상 고민한 것은 무엇이었을까? 그것은 바로 독자들에게 내면에 품고 있는 위기의 핵심을 볼 수 있는 방법을 알려줘야 한다는 것이었다. 그렇게 하면 위기에서 벗어날 수 있는 방법 또한 알 수 있을 것이다. 기회라는 파도에 휩쓸려서 가라앉기보다는 기회의 파도 위에서 서핑을 즐길 줄 알아야 한다.

은퇴의 경우도 마찬가지다. 대부분의 선진국 국가의 인구 30% 이상이 자신이 초래한 위기에 직면하기 직전의 상황에 놓여 있다. 필자들은 오랜 경험을 통해 '대부분의 위기는 그 중심에 잘못된 생각을 품고 있다'라는 점을 알고 있었기 때문에 은퇴 문제의 중심에 존재하는 그릇된 생각을 찾아 나서기 시작했다.

이 과정에서 전달해 줄 나쁜 소식은 그 누구도 은퇴가 위기라는 생각을 하지 않는다는 점이다. 반면 좋은 소식은 은퇴라는 문제에 모든 사람의 관심이 쏠려 있다는 점이다. 무언가 큰일이라도 난 듯 은퇴라는 옷을 둘러 입을 수도 있을 것이다. 그러나 아침에 일어나면 맞지 않은 흉한 옷을 입고 있다는 것을 깨닫게 될 것이다. 회사가 위기 상황에 놓여 있을 때 위기관리 계획

을 세우듯 우리도 자신의 뚜렷한 요구에 맞춘 상세한 위기관리 계획을 세워야 한다.

필자들이 강력 추천하는 첫 번째 방법은 현재 상황을 제어하는 것이다. 무엇보다도 마음가짐이 중요하다. 긍정적인 태도는 언제나 부정적인 태도를 이긴다. 그 다음 우리가 해야 할 일은 우선적으로 사람을 보호한 후 재산을 보호하는 일이다. 은퇴 위기 상황에서도 마찬가지다. 자신의 인생을 정리한 후에 자산을 정리해야 한다. 이는 은퇴할 나이를 넘겨서까지 즐겁게 일하며 살기 위해서 필수적인 요소이다. 그러기 위해서는 사실을 수집해야 한다. '누가, 언제, 어디서, 무엇을, 어떻게, 왜'를 기반으로 다음에는 어떤 일이 닥칠지 미리 정보를 수집해야 한다. 이런 과정을 통해 당신은 위기에서 빠져나올 수 있는 방법을 찾을 수 있다. 그런 후 필요하다면 자신만의 위기관리 팀을 가동시켜라. 위기관리 팀은 가족이나 친구들로 구성될 수 있다. 그들은 유익한 아이디어와 정보 등을 제공해 줄 것이다.

어떤 위기관리 계획이든 중대한 구성 요소는 '준비'이다. 은퇴는 결코 예상할 수 없는 문제가 아니다. 당신은 스스로 자초한 위기에 자신을 빠트리도록 평생 프로그래밍되어 있기 때문에 수년 동안 은퇴의 존재에 대해 알고 있었다. 사실 이런 점은 준비 작업을 더욱 손쉽게 해준다. 즉각적으로 행동을 취하지 않을 경우 본능적으로 일어날 수 있는 모든 부정적인 일을 예상하고 있기 때문이다.

모든 사실과 긍정적인 사고방식으로 무장한 채 위기 상황에 대처할 수 있는 방법은 모든 피해자들의 안전과 안녕을 책임지는 일이다. 당신은 자신 스스로를 피해자로 보지 않을지도 모르지만 방심하면 이내 피해자가 될 수도 있다. 상황의 심각성을 축소하려고 하지 말라. 당신이 원한다고 해서 위기 상황이 해결되는 것은 아니다.

어떠한 변덕스럽고 헷갈리는 상황에서도 상황을 제어하고 융통성을 유지하는 일은 필수적이다. 변화될 준비를 하자. 그래야만 상황을 제어할 수 있는 힘이 생긴다. 융통성이 없다면 위기 상황에 제압당할 수도 있다. 상황의 심각성을 축소하려고 시도하거나 다른 사람을 잘못된 길로 인도한다면 체면을 잃게 될 가능성이 크다.

이 책은 자신의 눈을 스스로 속이는 것에 대해 이야기하고 있다. 은퇴 문

제에 있어서 얼마나 많은 사람이 스스로를 속일 준비가 되어 있는지 믿기지 않을 것이다. 하지만 좋은 소식은 이 문제를 해결하기 위한 쉬운 답이 있다는 것이다. '은퇴'라는 단어를 머릿속에서 아예 지워버리자.

CONTENTS

프 롤 로 그　　은퇴를 멀리하고 끈질기게 살아남아라

01　제 1 장　우리에게 유효기간이란 없다　014

은퇴, 삶을 잠식해버릴 바이러스 ◆ 은퇴는 절대 당신에게 유리한 거래가 아니다 ◆ 일을 계속하는 것은 실질적인 선택 ◆ 무슨 일이 있어도 일하는 것을 멈추지 말라 ◆ 안전하게 생존할 수 있는 일이라면 뭐든지 하라 ◆ 당신의 인생은 당신의 책임이니 잘 간수하라

02　제 2 장　당신 스스로 커다란 걸음을 내딛어라　031

사회의 달콤한 유혹에 넘어가지 말라 ◆ 인생의 1/3 이상이 은퇴기 ◆ 아직은 주저앉을 때가 아니다

03　제 3 장　은퇴를 선택하는 것은 바로 당신이다　043

은퇴는 삶의 종착역이 아니다 ◆ 우리는 왜 은퇴의 메시지에 빠져 허우적대고 있는가 ◆ 은퇴는 희망적인 꿈이 아닌 악몽이 될 수도 있다

04　제 4 장　우리는 끊임없이 움직이도록 태어났다　053

은퇴, 인간 영혼 몇 대에 걸쳐 잔혹하게 조작된 결과 ◆ 우리는 인식이 현실이 되는 세상에서 살고 있다 ◆ 은퇴 사업에서 '사업'이라는 것은 은퇴를 위한 단어일 뿐 ◆ 삶은 지나간 것이 아니라 당신 앞에 놓여 있다

05　제 5 장　당신에게 '은퇴'라는 말은 해당되지 않는다　068

건강 관리와 보조에 관한 정부의 약속은 허울만 좋을 뿐이다 ◆ 은퇴하기를 거부하면 '은퇴'는 아무런 문제가 되지 않는다 ◆ 모든 복잡한 일 안에는 간단함이 숨어 있다 ◆ 나이는 일을 하는 것과 관계가 없다

06　제 6 장　**자신의 삶과 존재에 대해 책임을 되찾아라**　**079**

자신의 직관에 귀를 기울여라 ◆ 두려움은 안전함의 그림자이다 ◆ 은퇴 바이러스 같은 허튼소리는 이제 그만하자

07　제 7 장　**은퇴 바이러슨 같은 허튼소리**　**090**

직관적인 우뇌와 이성적인 좌뇌 ◆ 당신에게는 삶을 결정한 선택권이 있다 ◆ 꾸준한 자가 경기에서 이긴다

08　제 8 장　**자신의 운명을 스스로 만들어 나가기**　**100**

생존이 전부다 ◆ 우리는 무언가를 변화시키기 위해 태어났다 ◆ 내 삶은 연습이 아닌 실제다

09　제 9 장　**일은 지속 가능한 선택권이다**　**110**

삶은 계속 진행되는 것이다 ◆ 우리에게는 항상 선택권이 있다 ◆ 변화가 가장 중요하다

10　제 10 장　**내 인생을 돌려받는 방법**　**122**

목적을 현실로 만들기 위한 여섯 가지 단계

첫 번째 단계 : 부채 상태에서 벗어나기 | 두 번째 단계 : 좋은 관계를 형성하고 키워 나가기 | 세 번째 단계 : 정기적인 관리와 회복에 신경 써라 | 네 번째 단계 : 자신에게 끊임없이 도전 과제 던져 주기 | 다섯 번째 단계 : 현명하게 계획하기 | 여섯 번째 단계: 항상 미소 짓기

C O N T E N T S

11 제11장 **꿈을 현실로 만드는 건 당신의 몫이다**   138

계획과 전략이 함께한다면 꿈은 현실이 된다 ◆ 언제나 꿈꾸는 삶을 살라

12 제12장 **당신이 없는 미래는 존재하지 않는다**   148

일을 계속하는 것은 실질적인 선택이다 ◆ 당신의 환상적인 자산을 썩히지 말라 ◆ 그 누구도 나이 든 노동 인력을 무시할 수 없다

13 제13장 **부(富)란 결국 무엇인가**   157

선택권이 많을수록 더 많은 것을 누릴 수 있다 ◆ 우리가 항상 주의해야 할 몇 가지 ◆ 사회에 몸을 숨기지 말라

14 제14장 **한정된 시간을 절대 낭비하지 말라**   167

삶의 방식을 스스로 결정하고 책임져라 ◆ 자신의 마음과 직관을 믿어라

15 제15장 **일어나는 일이 많을수록 선택의 폭이 넓어진다**   172

은퇴 시설이 최선의 선택은 아니다 ◆ 자신의 삶을 되찾고 인생을 즐겨라

16

제16장 우리를 죽이는 건 '일'이 아닌 '은퇴'다　　178

꿈, 말 그대로 꿈으로 그치지 않게 하라 ◆ 진짜 삶을 살며 진짜 세상에 머물러라 ◆ 무슨 일을 하든 격렬한 변화를 일으킬 필요는 없다

17

제17장 자신만의 인생 여정의 운전대를 잡아라　　188

우리의 인생은 리허설이 아닌 실제 상황이다 ◆ 자신의 미래에 의심을 품지 말라

18

제18장 '나이 들어감'이라는 덫에 빠지지 말라　　195

누군가가 끌어주기만을 기다리지 말라 ◆ 사회에서 사라지기를 거부하라 ◆ 계속해서 일하면 충만한 삶을 살 수 있다 ◆ 더 이상 '만약'이라는 말을 사용하지 말라

19

제19장 마지막은 가까이에 오지 않았다　　206

기본부터 다시 시작하라 ◆ 아무도 당신을 막지 못한다

에 필 로 그　당신의 삶은 당신 손에
역 자 후 기　당신 삶의 주인공은 바로 당신이다

Part 1

우리에게 유효기간이란 없다

'은퇴'라는 단어는 조금 불편하게 느껴지기도 한다. 하지만 편하게 생각하자. 은퇴는 절대 자연발생적인 것도, 당신이 꿈꾸는 결말도 아니다. 어떤 이에게 은퇴는 깨어 있는 상태에서 꾸는 악몽일 수도 있다. 은퇴라는 개념은 그릇된 생각이며 당신의 삶에 침투해 삶을 잠식해버릴 바이러스와 같은 존재이다. 또한 모든 이성적 대화를 차단할 수 있는 위험한 개념이다.

마지막 문장에 동의하지 않는다면 이미 '은퇴 바이러스'가 당신의 뇌에 침투한 것이다. 원 상태로 돌아가기 위해서는 안티 바이러스 프로그램을 구축하고 행동을 개시할 수 있는 직관을 갖춰야 한다.

은퇴, 삶을 잠식해버릴 바이러스

'은퇴'라는 단어를 머릿속에서 삭제하고 쓰레기통에 던져 버려라. 그리고 그 끔찍한 단어를 다시는 언급조차 하지 말라. 당신에게는 결코 은퇴라는 일이 일어나지 않을 테니까. 그 대신 당신은 계속해서 삶을 꾸려갈 것이다. 필자의 의견에 의심의 여지가 조금이라도 남아 있다면 은퇴의 정의에 대해 생각해보라. 은퇴란 '시야에서 제거되는 것', '사회에서 퇴출되는 것'을 의미한다. 더 이야기할 필요가 있을까?

자, 이제 차일피일 미뤄 두었던 일을 시작할 수 있다. 나아가 시간과 돈, 인생을 좀 더 현명하게 관리할 수 있다. 머지않아 인생에 대해 더 많은 것을 발견하고 기뻐할 수 있을 것이다.

지금 필자에게 불평하는 소리가 들려온다.

"은퇴하지 말라고 부추기는 책이라니! 정말 말도 안 돼. 평생 열심히 일했으니 이제는 인생을 누리면서 즐기고 싶단 말이야. 의자에 편안히 앉아 책도 읽고 호화 유람선도 타고 골프도 치고 더 많은 사람을 만나고 싶어."

이런 즐거운 상상을 방해해서 미안하지만 당신은 요점을 놓친 것 같다.

- 독서를 하기 위해서 은퇴를 해야만 하는가?
- 더 많은 사람을 만나기 위해서 은퇴를 해야만 하는가?
- 여행을 하기 위해서 은퇴를 해야만 하는가?

당신은 지금 인생을 즐기기 위해서는 은퇴할 필요가 있다고 생각하고 있다. 자기 자신을 위해 그런 생각은 잠시 접어두기 바란다. 이런 논쟁을 받아들인다면 당신은 이미 은퇴의 의미가 '소망하는 그 무엇인가를 갈망하기 위한 것'이라는 말도 안 되는 이론에 속아 넘어가 버린 것이다.

지금 이 순간 당신은 피곤할지도 모른다. 아니, 아마도 피곤할 것이다. 그렇다고 은퇴를 할 것이 아니라 휴식을 취하거나 삶에 자그마한 변화를 주면 된다. 피곤하다고 은퇴를 고민할 필요는 없다.

어느 한 학교에서 학생들을 대상으로 단어가 나열되어 있는 플래시 카드를 가지고 실험을 했다. 그 단어 리스트에는 '은퇴'도 포함되어 있었다. 실험 대상자들은 잠시 동안 단어의 단면을 봤을 뿐인데 놀라운 결과가 나왔다. 건강하고 혈기왕성하며 희망에 가득 부푼 어린 학생들이 '은퇴'라는 단어를 본 순간 혈압이 떨어지고 심장박동이 느려졌으며 어깨도 눈에 띌 정도로 늘어진 것이다.

은퇴를 한 후에도 생활에 특별한 변화가 없는 사람들에 대해 생각해 본 적이 있는가? 은퇴를 한 후 아무 일도 하지 않으면서도 부유하게 살아가고 있는 사람들을 얼마나 알고 있는가? 그런 사람은 많지 않다. 그 이유는 단순하다. 성공한 사람들은 자신이 하는 일을 사랑하기 때문이다. 그들에게는 열정이 있다. 진정한 열정은 결코 사그라지지 않기 때문에 그런 사람들은 일을 하는 것을 멈추지 않는다. 직장에서 퇴직을 한다 하더라도 삶에 변화를 주고 일하는 것을 지속한다. 이것이 바로 그들의 비법이다. 다음 장에서 진정으로 성공했다고 말할 수 있는 사람 중 은퇴의 메시지를 거부한 몇 명의 사람을 소개하도록 하겠다.

은퇴는 절대 당신에게 유리한 거래가 아니다

나이를 먹을수록 반드시 은퇴를 해야 한다는 믿음을 심어 준 시스템에 맞설 수 있도록 좀 더 현명해져야만 한다. 우리는 첫 직장에서 일을 시작한 그날부터 은퇴라는 악몽을 받아들이도록 교육받았다. 우리가 퇴직을 하는 그날까지 이 프로그램은 활기차게 돌아간다. 그것이 바로 사회가 우리 개개인에게 행한 짓이다. 이는 우리를 죽은 목숨으로 치부해버린다. 우리는 가치 없는 하찮은 존재가 될 수도 있다. 그날이 오면 일하는 것을 멈추라는 지시를 받고 순종할 것이다. 어찌 감히 우리에게 그럴 수가 있는가!

전 세계적으로 안락사 시행에 관한 권리 문제로 논쟁이 있었다. 의사들이 신처럼 목숨을 쥐락펴락할 수 있느냐 없느냐에 관한 논쟁이다. 대부분의 국가에서는 특수한 경우를 제외하고 의사들이 치사량을 주입하거나 생명 보조 장치를 끄는 것을 허가하지 않고 있다. 상황이 이러한데 어찌하여 우리는 타인에 의해 강제로 내몰려 우리의 삶을 완전히 끝내버리게 내버려 둘 수 있단 말인가?

다시 말하면, 왜 우리는 이런 절망적인 허튼소리를 따를 정도로 아둔한가? 우리는 '은퇴'라는 끔찍한 자동 실행 프로그램 때문에 은퇴하기에 이른다. 우리는 은퇴라는 것은 당연히 실행되는 것이라고 믿도록 단련되었다. 이제껏 그래 왔기 때문이다. 그러나 이는 사실이 아니다.

살아남으려는 실오라기 같은 욕구를 유전적인 요소에 추가하는 것은 절대 어려운 일이 아니다. 그와 반대로 당신은 살기 위해 내달리는 존재로 자신이 속해 있는 공동체 사회에서 활발한 역할을 하면서 사회에서 살아남는 방법을 궁리한다.

눈치채지 못했을지도 모르지만 은퇴 사업은 상대적으로 새로운 분야이다. 게다가 우리가 신중하게 '사업'이라는 용어를 갖다 붙일 수 있는 성격의 것이다. 이제 살펴보겠지만 은퇴는 좀 더 젊고 건강한 사람들에게 그 자리를 내주려고 만들어졌다. 사실상 은퇴는 필요 이상으로 나이가 들어버린 사람들을 사회에서 제거하는 수단이다. 사회는 자격이 불충분한 육체 노동자들이 끊임없이 늘어가는 것을 만회하는 데 실패했다. 따라서 교육 시스템을 가속화했던 이 사회가 '산업'이라는 저울의 다른 한쪽에서 늘어만 가는 연로한 노동자들을 돌보고 있다. 인생의 아이러니한 작은 문제점 중 하나인 서구 사회의 출산율 저하는 새로운 노동력이 줄어들었다는 것을 의미한다. 이로 인해 은퇴의 근본적인 이유는 무의미해졌다.

이러한 상황에서 우리가 할 수 있는 일이 있을까? 인생을 되돌려 받을 수 있을까? 그러기에는 너무 늦어버린 것은 아닐까? 대부분이 그렇다고 생각할 것이다. 하지만 결코 늦지 않았다. 우선 '은퇴'라는 어리석은 단어를 머릿속에서 지워버릴 수 있으며 지혜롭고 훨씬 더 긍정적인 태도를 가질 수 있다. 사방에는 은퇴의 메시지를 부르짖는 사람들이 있고, 심지어는 실제로 은퇴를 하는 사람들도 있다.

주요 신문 중 하나가 '저축을 시작하기에는 한 살이라도 어린 것이 좋다'라는 헤드라인과 함께 은퇴에 관한 기사를 다룬 적이 있다. 신문은 요점을 명확히 하기 위해 돈더미에 둘러싸여 있는 아기의 그림을 실었다. (은퇴를 생각하고 있는 아기를 말이다!) 이 '은퇴 계획을 위한 원스톱 쇼핑'과 함께 30대

2명이 이끄는 신뢰 있는 회사에 대한 기사가 실렸다. '나이의 물결은 침몰 위기'라는 머리글과 함께 기사는 1946년에 시작된 베이비붐에 태어난 이들이 곧 60대에 들어서서 '몇몇 국가에 심각한 영향을 주며' 은퇴를 할 것이라고 지적했다. 기사는 저축은 되도록 빨리하는 것이 좋다고 주장했으며 65세 이상 전체 인구 중 남자는 17%, 여자는 7%만이 전일제 직업을 가지고 있다는 것을 지적했다. 이런 메시지들에는 어떤 공통점이 있을까? 독립과 돈에서 우리를 떨어뜨려 놓으려는 공포와 욕망을 찾아볼 수 있다.

이런 것들은 우리가 미래에 대해 두려워하도록 꾀해진 충격 전략이다. 이런 전략들로 인해 우리는 젊음이 더 안전한 투자를 위한 표준이라도 되는 양 우리를 돌봐줄 젊은이들에게 신념과 돈을 맡겨야 한다는 사실을 받아들였다. 젊음이 그렇게 좋은 것이라면 우리는 조심스레 질문을 던져야 한다. "왜 그들은 자신의 돈을 투자하기에 바쁘지 않은가?"

그들은 당신의 독립적인 사고 과정을 제거해 자신들이 유일하게 도움의 손길을 줄 수 있는 은퇴의 악몽으로 당신을 밀어 넣을 속셈을 가지고 있을 뿐이다. 그들은 이런 '도움'을 주며 관리 비용으로 당신이 저금한 금액의 일부분을 선불로 요구할 것이다. 당신에게 남아 있는 것을 모두 투자하기 전에 당신에게 모든 위험 부담을 짊어지우면서 말이다. 이것은 결코 당신에게 유리한 거래가 아니다.

그렇다면 도대체 왜 그렇게 행동하는 걸까? '유효기간'이라는 어리석은 개념은 우리가 은퇴를 예정된 운명으로 받아들인 그릇된 신념에서 나온 것이다. 결국 유효기간은 '이 날짜가 지나면 폐기함'이라는 말을 듣기 좋게 표현한 용어일 뿐이다. 은퇴라는 딱지를 받아들이면 어렴풋이 인생 최고의 순간이 지나갔다고 의식한다. 또한 그 어떤 것도 더 이상 중요치 않고 인생에서 이처럼 좋은 순간은 찾아오지 않을 것이라 생각한다.

이런 것을 현실로 받아들이다니 이 얼마나 어리석은 일인가. 이런 현실을 받아들이는 순간, 우리는 자신을 은퇴의 길로 들어서게 내버려 두는 것이다. 이는 서서히 죽음을 향해 발을 내딛는 것과 다름없다. 상상은 현실과 꿈을 혼동하기 시작하고, 낭만적인 이상과 현실도 혼동하기 시작한다. 도움을 외치기 전까지는 은퇴라는 개념을 받아들이는 일은 어쨌거나 당연한 결과다. 이제 하늘나라로 가는 대기실에 앉아 기다리는 신세이니까.

그러나 스스로에게 예전 세대에 비해 몸매도 좋고 건강하다는 점을 상기시킬 필요가 있다. 모르면 몰라도 당신에게는 20년, 심지어는 30년 전에 지녔던 동일한 에너지와 추진력이 있다. 당신은 아직 녹초가 되어 쓰러질 준비가 되어 있지 않다. 도대체 왜 평생 쌓아온 (경험을 포함한) 기막힌 자산을 은퇴로 인해 버려지기를 원하는가?

일을 계속하는 것은 실질적인 선택

사실이 현실을 말해준다. 서구 사회에서는 재능과 경험을 갖춘 사람들이 절실히 필요하다는 사실이 대두되었다. 조사가 거듭될수록 예전 고용인과 계속해서 관계를 유지하고 싶어 하는 고용주가 증가했다. 어쩌면 계속 고용하고 '싶어 하는' 것이 아니라 나이 든 고용인들을 계속 고용할 '필요'가 있다는 숨겨진 뜻을 읽었어야 할지도 모른다.

러시아에서는 이런 문제점이 심각하게 발생했다. 러시아의 인구는 연간 70만 명씩 감소하고 있다. 이 정보는 국가의 인구 감소를 '현대 러시아가 직면한 가장 민감한 문제'로 인정하기를 꺼려 하는 정부에 의해 기밀로 취급되었다. 이 무시무시한 기밀 사항인 문제점을 해결하기 위해 사람들에게 출산을 하면 보너스를 지급하겠다는 제안을 하기에까지 이르렀다.

출산율 저하는 전 세계적인 문제이다. 이로 인해 50대, 60대 심지어는 60대 이상의 사람들도 유용하다는 인식이 생겼다. 우리는 모든 노동 절약 기구가 유효하고, 정보에 편하고 빠르게 접근할 수 있는 시대에 살고 있다. 자신이 원할 때까지 일을 지속할 수 없는 신체적인 이유는 없다.

당신은 인생의 좋은 점들에 익숙해져 있다. 최소 시간만 일해도 보수를 받을 수 있는데 도대체 왜 비고정적인 수익을 위해 긴축재정에 들어가 돈을 아끼려고 하는가? 파트타임을 선택하는 것은 그 누구도 아닌 당신에 의해 결정되어야 한다. 스트레스를 덜 받는 직업을 택하느냐 아니면 강한 권력이 부여되는 직업을 택하느냐를 선택하는 주체가 당신인 것처럼 말이다. 이 부분에 대해서는 이후에 상세하게 다루도록 하겠다.

어찌하여 이 사회가 이렇게 잘못된 것을 행하고 있을까? 북미와 유럽, 영국, 오스트레일리아는 은퇴가 전부 인류의 개선을 위한 것이라는 신념과 함께 은퇴라는 자멸적인 열병에 자기 자신을 가둬버렸다.

연금과 은퇴는 꽤 현대적인 현상이다. 대부분 인류의 역사에서 사람들은 은퇴를 하지 않고 일하다가 죽었다. 그 당시 사람들은 자신들이 유용한 삶을 살았다고 생각했고 사실 그들은 죽을 때까지 일하는 것을 당연한 것으로 받아들였으며 공동체는 그들을 높이 평가했다. 그들의 나이와 지혜는 자산으로 간주되었고 그들이 종종 행했던 업적은 노년에 이루어졌다.

그 후 농장이 공장으로 대체되면서 모든 것이 변화했다. 하룻밤 사이에 '나이 듦'은 부담이 되어버렸다. 공장에서 노동자들의 유일한 자산은 육체적인 힘이었다. 몸이 쇠약해지면 그 누구도 그들이 얼마나 지혜로울지에 대해서는 관심을 갖지 않았다. 결국 그들은 자신들의 자산인 '지혜'로는 고용되지 못했다.

이와 반대로 은퇴는 터널 끝에서 사람들을 유혹하는 빛이 되었다. 은퇴는 난파선의 선원들이 바위가 가득한 해안선으로 아무 사정도 모르는 배를 유혹하기 위해 지피는 불과도 같다. 게다가 더 큰 문제도 있다. 1930년대, 전세계에 대공황이 닥쳤을 때 한창 실업률이 치솟았다. 정부는 나이 든 노동자들이 죽을힘을 다해 일자리에 매달려 있는 동안 일거리를 찾아 시골을 배회하는 젊은이들을 처리하기 위해 고군분투했다.

무슨 일이 있어도 일하는 것을 멈추지 말라

'직업'이라는 단어를 사전에서 찾아보면 한 줄로밖에 설명되어 있지 않다. '일거리, 대개는 고용이나 수익을 위해 이뤄지는 일' 이것에는 어폐가 있다. 직업은 일반적으로 타인의 수익을 위해 우리가 하는 일이다.

그에 반해 '노동'은 완전히 다른 문제이다. '노동'은 사전 편찬자들이 몇

페이지라도 할애해서 감상적인 말을 써내려갈 수 있는 단어이다. 간단하게 나열해보면 노동은 '에너지의 소비, 노력하기, 성과를 내기 위한 특정한 용도가 있는 노력'이라고 되어 있다. '성과를 내기 위한'이라는 결정적인 차이점에 주목하라. 직업은 '수익'을 위한 것이고 노동은 '성과'를 내기 위한 것이다. 간결하게 정리하면 다음과 같다.

직업 = 수익 = 돈

노동 = 성과 = 삶의 원천

'성과'라는 단어는 실제로 돈을 버는 것과 관계가 있을 수도 있고 없을 수도 있다. 성과는 대개의 경우가 그렇듯 순수한 즐거움 이상의 것이 뒤따른다. 노동은 인생의 목적에 없어서는 안 될 필수적인 부분으로 우리에게 유전적으로 입력된 기능이자 본질적인 생존 장비의 일부이다. 그러니 무슨 일이 있어도 일하는 것을 멈추지 말라. 직업은 이것저것으로 바꿀 수 있지만 노동은 끊임없이 계속되어야 한다.

'사회 체제'는 누구 할 것 없이 직업을 갖도록 선동하고 고역의 나날들이 가치 있어 보이게 만드는 은퇴라는 미끼를 던져 놓는다. 회사의 연금 제도와 주정부의 공식 성명, 겉만 번지르르한 홍보책자는 우리에게 젖과 꿀이 흐르는 땅을 살짝 보여주면서 우리가 바른 길에 서 있다는 것을 다시 한 번 확신할 수 있도록 만들어졌다. '이 힘든 일을 조금만 더 하자. 아주 조금만 더. 결국에는 모두 가치 있는 일일 거야.' 이제 감이 잡히는가?

'사회보장'이라는 단어는 많은 독자가 모두를 위한 사회 정의와 복지에 대한 믿음을 호언장담하며 주장했을 때 통용되었다. 모든 사회보장이 금전적으로 어떻게 이루어질지에 대한 이야기는 단 한 번도 없었다. 끊임없는 약속들만 있을 뿐이다. 믿고 표를 던지면 네 뒤를 봐주겠다고 떠들어대는 약속들 따위 말이다. 순식간에 제도화된 은퇴의 형태는 미국에서 영국, 유럽 그리고 호주로 자리 잡아 나갔다. 일은 정부가 계획한 그대로 진행되었다.

사람들은 행복함이 가득한 얼굴로 컨트리클럽에 어슬렁거리는 젊은 사람들의 모습이 넘쳐나는 은퇴 홍보책자를 읽은 후에 점점 더 이른 나이에 은퇴를 하기 시작했다. 사회보장제도 가장 높은 단계에는 회사 퇴직 연금이 자리 잡고 있다. 인생이 이보다 더 좋아질 수는 없었다.

은퇴는 우리가 눈치챌 수 없을 정도로 교묘하고 나무랄 데 없이 누구나 꿈꾸는 건강과 부 그리고 행복의 모습으로 포장되어 있다. 이게 무슨 뜻일까? 무엇인가가 너무나도 좋아서 믿을 수가 없다면 어쩌면 그건 믿을 수 없는 일일 수도 있다.

조기 은퇴를 한 사람들은 멋진 새 삶의 풍족함으로 인해 돌아버릴 지경이었다. 그들은 건강식품과 운동 촉진을 위해 동원되었고 은퇴의 꿈을 홍보하는 것에 열을 올리는 시장에 설득을 당했다. 신용이 없어진 상황을 받아들이며 은퇴의 불행한 결과를 가져오는 부작용 가운데 적어도 하나는 건질 수 있었다. 훌쩍 발전한 의료 기술과 생활양식 덕분에 그들은 마라톤을 완주할 수 있을 정도로 건강했으며 가만히 앉아서 쓸모없이 시간을 보내지 않아도 되었다.

그러나 신중하게 결정된 정치적 의도가 진짜 모습을 드러내기 시작하면서 나쁜 일들이 일어났다. 출산율의 하락은 노동력의 감소를 의미했다. 또한 세액 감소는 은퇴 홍보용 책자가 그리던 생활을 유지할 수 있는 돈이 적어졌음을 의미했다. 세계는 본래의 의도와는 다른 은퇴의 현실에 눈을 뜨기 시작했다. 미국의 정치인들은 아직 실질적인 문제점을 파악한 것이 아니었다. 정치인들은 막대한 부작용에만 초점을 맞춘 채 원인을 간과했다.

2005년 4월, 조지 부시 대통령은 연금 안에 대해 이야기하면서 명백한 진실을 성명으로 냈다. '2041년 즈음에 연금 제도는 완전히 파산할 것이다.' 부시 대통령은 정년퇴직 나이를 65세에서 67세로 늘리는 것을 제안했고 더 나아가 70세까지로 올릴 수 있다는 것을 제의했다. 이런 재앙의 징조를 본 사람은 비단 미국 대통령뿐만이 아니었다. 전 세계 정부들이 동일한 문제와 씨름하고 있었다. 이것은 그들이 스스로 자초한 문제였다.

안전하게 생존할 수 있는 일이라면 뭐든지 하라

애초에 우리가 은퇴라는 것에 어떻게 그렇게 효과적으로 적응할 수 있었는지를 이해하려면 직관적인 뇌와 논리적인 뇌의 관계를 이해할 필요가 있다. 우리의 뇌는 특정한 직무와 책임을 지닌 여러 부분으로 나뉘어 있다. 우리는 직관적인 뇌와 논리적인 뇌, 이 두 가지에만 관심이 있다. 간단히 말하면 직관적인 뇌가 당신에게 '앎'을 주는 기관이라면, 논리적인 뇌는 '생각'을 하게 해주는 곳이다. 직관적인 뇌는 개인의 생존을 지키는 것을 최우선으로 꼽는다. DNA는 전체 유전암호를 지지하는 간단한 메시지를 담고 있다. '살아라. 안전하게 생존할 수 있는 일이라면 뭐든지 해라.' 뇌의 직관적인 부분은 분명히 신이 내린 선물로 자신을 위해 옳고 그른 것을 판단해주는 개인의 지침표이다.

몇백 년 전, 남들보다 현명했던 데카르트는 "Cogito ergo sum." 즉, "나는 생각한다, 고로 나는 존재한다"라는 말을 남겼다. 수없이 많은 철학자가 우리의 뇌가 정보를 얼마나 정확하게 관리하는지에 대한 인식이 있었지만 데카르트는 달랐다. 왜냐하면 직관적인 뇌가 안다는 것은 논리적인 뇌가 생각할 수 있는 단계로 이어지기 때문이다. 그러므로 '자동 판매기에 돈을 넣으니(the penny dropped '알아들었다'라는 뜻이 있는 구어) 불이 들어왔다(and the light came on)'라는 경구는 바로 직관적인 뇌가 관여했을 때 일어나는 일이다. 논리적인 뇌가 하는 일은 전혀 다르다. 흑백으로 된 것, 즉 글자를 처리하는 논리적인 뇌는 논리적인 생각이 발현되는 곳이다. 우리는 논리적인 뇌를 존경하면서 귀하게 다뤄야 한다. 논리적인 뇌는 우선 비교적 뒤늦게 발달하여 몇 해 동안 활발하게 활동한 후에 퇴화하기 시작한다. 그러나 더 좋지 않은 일이 우리를 기다리고 있다. 논리적인 뇌는 외부의 영향을 쉽게 받는 경향이 있다. 논리적인 뇌가 결정을 내리는 과정은 외부의 힘에 의해 쉽사리 영향을 받는다. 정치는 물론 상업 광고와 종교에 이르기까지 각종 시설은 우리의 마음에 논리적인 생각을 심어주는 것에 도가 텄다. 이런 것들이 주는 생각은 우리에게 주입되어 논리적인 뇌가 형성하는 생각으로 여겨지고 위장된다. 이것이 바로 다른 차를 제쳐 두고 한 종류의 차를 골라 구입하는 이유이고 여러 후보 중에 한 명의 정치인에게 표를 던지는 이유이다. 이런 이유로 인해 우리는 은퇴가 좋은 생각이라고 생각하게 된다.

직관적인 생각과 논리적인 생각 사이의 관계는 철학과 과학 논쟁의 끝없는 주제이다. 사실 이 둘의 상호관계를 설명하기 위한 예로 은퇴를 감행하는 예보다 더 적절한 것은 없다. 우리는 자연적으로 은퇴가 아닌 생존하기 위해 설계됐음에도 불구하고 은퇴를 추구한다. 우리의 논리적인 뇌가 직관이나 더 나은 본능에 대한 최종 결정권을 가지고 있다는 생각을 해보면 이는 조금 소름끼치는 일이다.

잠시 생각을 해보자. 은퇴라는 개념과 관련된 모든 것은 그르다. 우리는 쭈그리고 앉아서 죽기를 기다리기 위해 태어난 것이 아니다. 우리의 직관은 어떤 방법으로도 우리가 다른 쪽에 확신이 있었다는 것을 알려줄 것이다.

이것이 바로 필자들이 서두에서 삭제 버튼을 눌러 은퇴라는 잘못된 개념을 지워버리라고 완곡하게 말한 이유이다. 이 책을 집필한 이유는 단 한 가지, 독자들이 은퇴라는 교활한 바이러스를 머리에서 삭제하고 '은퇴'라는 어휘 자체를 지워버려 삶을 되찾을 수 있게 하기 위함이다.

필자들은 이와 같은 생각을 계속해서 펼쳐 나갈 것이다. 한편 이런 점도 고려해야 한다. 은퇴의 위축을 강하게 보여주는 징후는 심사숙고한 후에 새로 차를 뽑는 일이다. 우리는 이것을 알고 있다. 마지막으로 구입한 소형차는 '당신보다 더 오래 살아남을 것'이다.

소름끼치지 않는가? 사람들이 이런 일을 스스로 자초한다는 것을 믿을 수 있는가? 사람들은 나방이 불로 뛰어들 듯이 이런 행동을 한다. 새 소형차는 잠재의식에서 움직이는 관이 되고, 새로 뽑은 차가 자랑스러운 차 주인은 차에 앉을 때마다 이렇게 생각할 것이다. '바로 이거야. 내 마지막 차가 될 놈. 차가 나보다 이 세상에 더 오래 남길 바랄 뿐이야.'

당신도 이러한가? 당신도 당신을 완성시켜주는 새 차를 자랑스러워하는 사람이 되려는 생각이 있는가? 부탁이다. 그런 생각은 추호도 없다고 말해 달라.

자진해서 은퇴했을 경우, 소형차를 구입한 후 저지를 수 있는 크나큰 실수는 도심과 거리가 먼 전원 혹은 작은 마을로 이사를 가는 것이다. 그런 사람들은 "모든 것에서 벗어나고 싶다"라고 말한다.

그들이 깨닫지 못한 것은 우리는 스트레스를 받았을 때만 '도망가야만 한다'라는 것이다. 스트레스 수치가 낮아지면 우리는 온전한 삶의 운명을 충족시킬 수 있는 일상으로 돌아갈 필요가 있다. 실천이 있는 곳에 살면서 당신이 속해 있는 공동체 안에 머물러라. 젊든 늙었든, 부자이든 가난하든, 좋든 싫든 공동체의 일원이 되어라. 그것이 바로 인생이다. 우리는 모두 인생이라는 직물에 단단히 짜여 있는 날실과 씨실 같은 존재이다. 인생이 바로 우리가 속해 있는 곳이고 우리 자신과 남들에게 유용한 존재가 되는 곳이다.

그런데 어떻게 그런 존재가 될 수 있냐고? 우리가 논하고 있는 모든 것의 핵심을 찌르는 좋은 질문이다. 이 질문은 이제 우리가 은퇴에 대해 건전한 의심을 하고 있다는 것을 의미한다. 움직이는 기차에서 뛰어내리거나 버려지는 것에 대한 의심, 하는 일 없이 지내거나 쓸모없는 존재가 되는 것에 대한 의심이다. 좋은 현상이다. 이제 우리는 진정한 미래에 대해 깊이 있게 생각해 볼 수 있다.

앞으로 우리는 당신의 개별적인 '귀중한 해직 수당'에 맞춰 모든 나이와 배경에 적용 가능한 표인 '실천 계획'을 어떻게 발전시킬 수 있는지를 보여줄 것이다. 당신의 인생은 당신의 책임이니 잘 간수하라.

끝은 가까이 오지 않았다. 끝이라는 것은 무의미하다. 인생을 매일매일 충만하게 사는 것이 중요하다. 전혀 새로울 것이 없다. 이는 철학가들이 오랫동안 주장해 왔던 바이다. 새로운 사실은 전 세계 정부가 마침내 호랑이의 꼬리를 잡고 있었다는 것을 깨달았다는 점과 '우리'의 삶을 위해 '그들'이 어떤 일을 해야 하는지 골똘히 고민하기 시작했다는 것이다.

공공 연금 제도와 개인연금 대책은 모두 파산을 향해 치닫고 있으며 허풍쟁이 장사꾼들은 새로운 해결책을 제시하기 위해 머리를 굴리고 있다. 그들이 제시하는 것은 몇 년 늦게 은퇴를 해도 된다거나 세금을 올리거나 월급을 더 주겠다는 관대한 제안이 포함된 해결책들이다. 만약 늦게 정신을 차린다면 우리는 보이지 않는 희망 속에서 월급날이 다가오기 전에 알맞게 죽어버릴 것이다.

이 중에 어떤 것도 받아들일 생각을 하지 말라. 오직 당신의 직관을 믿어라. 결국에는 모두 당신의 안전과 생존을 위한 것이다. 은퇴라는 개념을 버리게 되면 훌륭할 정도로 긍정적인 출발을 하게 된다. 다음 장에서 다루는 내용들은 당신을 자유롭게 할 것이다. 은퇴의 고역에서 당신을 자유롭게 만드는 방법을 배우고 당신의 깊은 내면에 있는 것들을 밖으로 분출하라.

알버트 아인슈타인은 이렇게 말한 바 있다.

"상상력은 다가오고 있는 매력적인 인생의 예고편이다."

인생은 그런 것이다. 인생을 즐겨라.

- 은퇴는 자연스러운 것이 아니다. 노동의 과잉 공급 문제를 해결하기 위해 고안된 것이다.

- 우리는 유전적으로 생존을 위해 맞서 싸우도록 태어났다.

- 우리에게 유효기간이란 없다.

- 사회는 우리 모두가 일하면서 보고 달려왔다고 생각했던 은퇴를 감당할 능력이 없다.

Part 2

당신 스스로
커다란 걸음을 내딛어라

은퇴라는 개념 자체가 얼마나 말도 안 되는 것인지 진정으로 알고 싶다면 부유하고 성공한 사람들이 실질적으로 얼마나 많이 은퇴를 했는지 생각해봐라. 빌게이츠와 워렌버핏을 예로 들어보도록 하겠다. 그들은 카드게임을 하거나 필드에 나가 골프를 치며 시간을 허비하지 않는다. 지금 당장 은퇴를 한다 해도 경제적, 시간적 여유가 충분하지만 그들은 은퇴를 하지 않았다. 주위를 둘러보면 여유가 있는 것도 아닌 사람들이 은퇴를 한다. 정리하자면, 빌게이츠나 워렌버핏 같은 사람은 생존을 위한 결심을 다지고 자신들의 삶을 유지한다.

따라서 필자들은 은퇴에 대해 곰곰이 생각하고 있는 어수룩한 사람들을 위해 생존 가이드를 제시하고자 한다. 만약 당신도 은퇴에 대해 생각하고 있다면, 당신은 이미 사회라는 굴레 안에서 자기 자신의 시간을 제한한 것이다.

사회의 달콤한 유혹에 넘어가지 말라

'평생 열심히 일했던 것이 죄스럽다는 것을 깨달은 당신. 이제 스스로에게 보상을 해주어야 한다. 당신은 남은 세월 동안 말 그대로 가치 없는 존재가 되어 살도록 선고를 받았다. 우리는 당신에게 집이라고 불리는 작은 상자를 찾아줄 것이다. 당신이 일을 덜하게 될 것이라 기대되는 장소이다. 만약 당신이 아프게 된다면 우리는 당신이 저축해 놓았을 돈을 몽땅 빼낸 후 늙고 가치 없는 사람들이 서 있는 줄 뒤로 보낼 것이다.'

한마디로 말해 이것이 바로 사회가 우리 개개인에게 하려고 애쓰는 일이다. 바로 우리를 살아 있는 시체로 만드는 일. 당신이 이에 대해 잘 알지 못했었다면 이런 장면은 불길한 전조를 나타내는 음악이 깔리면서 기계가 인간의 의식을 잠식해 조종하는 장면이 등장하는 공상 과학 영화의 한 장면이라고 생각할 것이다. 그러나 우리를 이런 광기로 내모는 것은 사악한 기계가 아닌 우리 자신이다. 우리는 사회적으로 일을 시작한 첫날부터 은퇴라는 개념을 받아들이도록 교육되었다. 이것은 사실 소름 끼치는 일이다. 그런데 우리는 즐거운 마음으로 은퇴를 기대하고 있다니.

우리는 사회가 일을 그만두어야 할 때를 알려주면 기꺼이 순종해야 한다고 생각한다. 그리고는 자아존중의 모든 감각을 상실한 것을 확인하기 위해 쥐꼬리만한 연금에 속아 넘어간다. 그나마 운이 좋아야지만 받을 수 있는 연금에 속아 넘어가는 것이다.

우리는 왜 이런 것에 속아 넘어갈 정도로 어리석은지 스스로에게 질문해볼 필요가 있다. 하지만 모든 사람이 그런 것은 아니다. 다행히도 오늘날에는 은퇴라는 개념을 거부하는 사람의 수가 늘고 있다. 이 얼마나 좋은 소식인가.

리처드는 은퇴를 꿈꿔본 적이 없다. 혁신적인 엔지니어인 리처드는 인맥 관리에 탁월한 능력을 가지고 있었다. 그는 가전제품을 생산하는 한 회사를 운영했다. 리처드는 문제가 발생하면 언제 어디서나 자신을 돌아보았다. 자신 외에는 탓할 사람이 없었다. 리처드는 이 말을 자주했다. "단결에 문제가 있다면 경영에 문제가 있는 거야. 제조에 문제가 있어도 경영 관리에 문제가 있는 거고. 소비자 문제가 있다면 그 역시 경영 관리의 문제지."

리처드는 실수를 하는 사람을 절대 쉽게 해고하지 않았다. '실수를 절대로 범하지 않는 사람은 아무것도 성취해 낼 수 없다'라는 모토를 가지고 있었기 때문이다.

현재 리처드는 회사를 운영하지 않는다. 하지만 자신의 지혜와 경험을 십분 활용해 기업체들의 자문 역할을 하고 있다. 리처드는 경험만큼 좋은 건 없다고 생각했다. 그는 현장에서 실제로 일을 하면서 배운 것을 바탕으로 70대가 되어서도 일을 했으며 여전히 그를 필요로 하는 곳이 많았다.

현명한 회사들은 직원들이 퇴직할 나이가 지났어도 오래 붙잡아 둔다. 이 방법으로 고령의 경험자보다 경험도 적고 능력도 없는 사람들을 걸러낼 수 있기 때문이다.

리처드는 인생을 즐길 줄도 알았다. 그는 자신의 80번째 생일을 기념하는 뜻으로 요트를 한 대 구입했다. 그리고는 주변 사람들을 초대했다. 초대된 많은 사람은 리처드보다 나이가 훨씬 어렸지만 그 자리의 주인공은 리처드였다. 그는 보트에서 파티를 열며 자신만의 시간을 만끽했다.

우리는 비행기를 타고 전 세계를 누빌 수도, 값비싼 요트를 살 수도 없지만 리처드에게 많은 것을 배울 수 있다. 만약 리처드가 은퇴의 길을 선택하고 조용히 살아갔다면 생일 초대를 한다고 사람들에게 알리기 전에 집 전화가 울릴 일은 없었을 것이다.

우리가 은퇴를 했을 때 실제로 이런 일들이 일어난다. 은퇴를 한 이후에 사람들의 시야에서 사라지고 존재감이 서서히 작아져 아무 이목도 받지 못하는 무존재로 남겨지게 될지도 모른다.

어떻게 돈을 투자하고 저금할 수 있는지에 대한 기사와 광고가 도처에 깔려 있다. 당신은 당장 운용할 수 있는 현금을 최대한 끌어모아 투자 상품을 구입할 가능성이 있다. 젊을수록 모험이 강한 행동을 한다. 하지만 이것만은 알고 있어야 한다. '모험'은 즉 '위험'이다.

시장 변동에 대해서는 걱정하지 말라. 그 모든 것이 은퇴의 꿈을 향한 흥미진진한 여정의 일부분이다. 실제로 발생할 수 있는 위험을 부담할 경우,

위험의 짜릿한 열매인 '조기 은퇴'는 당신의 것이 될 수 있다. 이런 어처구니 없는 말은 신뢰를 얻어낼 수 없다.

인생의 1/3 이상이 은퇴기

향상된 건강 관리와 식단, 운동 덕분에 우리는 은퇴해서 지내는 기간이 일했던 기간과 거의 비슷하게 된 상황에 직면했다. 이제는 재정 관리사들이 좀 더 일찍 예금할 것을 권하고 있다. 정부의 연금과 전 세계 복지 계획은 본래 대부분의 사람이 은퇴 후에 이루려고 애써 노력했던 확신에 찬 기대와 함께 발전했다. 하지만 정부는 헛다리를 짚었다. 잘못 짚은 정도가 아니라 심각한 수준이다. 아마도 이제 당신은 스스로 깨우쳤을 것이다. (이 부분에 대해서는 다음 장에서 좀 더 자세히 다룰 것이다.)

100년 전, 노동이 가능한 개발도상국의 건강한 인구의 평균 수명은 60세 정도였다. 오늘날처럼 진보한 의학적 지식과 수단이 없었기 때문에 대부분의 사람이 아프거나 약해지기 전까지 계속해서 일을 해야 했다. 생각만 해도 슬픈 일이다. 반면 오늘날은 평균 수명이 길어졌고, 어느 정도의 나이가 되면 '은퇴'의 길을 선택한다. 그로 인해 우리 중 상당수가 인생의 1/3 이상을 '은퇴기'에서 보내게 되었다. 이 역시 슬픈 일이 아닐 수 없다. 발전된 의학과 웰빙 열풍으로 우리는 더 오래 살고 있다. 그러나 우리를 부양해야 하는 젊은이들의 수는 점점 줄고 있다.

때로는 증권 시세로 얻을 수 있는 이익이 크기 때문에 문제가 없을 수도 있다. 문제는 점점 더 많은 사람이 은행이 제안하는 '조건부 투자'의 안전성을 선택하고 있다는 것이다. 한마디로 말해 엄청난 자금이 투자되고 있지만 수익을 내는 상품은 한정되어 있다.

하지만 걱정할 필요가 없다. 언제나 집을 내놓을 수 있지 않은가? 그런데 주위 이웃들이 모두 집을 팔 생각을 하고 있다면 누가 집을 구입할까? 집은 얼마에 내놓아야 할까? 이에 관한 이유도 다음에 자세히 다루기로 하자. 전문가들은 전 세계적으로 엄청난 집값 하락이 있을 것이라 예측했다. 머릿속에 떠오른 생각을 받아들여라. 이런 일은 곧 악몽으로 변할 꿈의 일부분일 뿐이다.

좀 더 들어봐라. 아직 끝난 게 아니다. 많은 국가에서 노년층의 빚은 감소하고 있는 게 아니라 증가하고 있다. 영국 언론에 등장한 두 개의 머리기사가 그 모든 것을 말해준다. '무수한 사람들이 은퇴 후에도 융자금을 갚고 있음', '나이가 들었다고 돈 버는 능력도 사라져서는 안 됨'

재정 설계사들과 관리사들은 은퇴 후에는 은퇴하기 전 수입의 70%만이 필요하다고 말할 것이다. 이 얼마나 어처구니없는 소리인가.

은퇴 초창기에는 의료비와 보험비가 엄청나게 치솟을 것이다. 식비는 동일한 수준에서 유지되겠지만 친구들과 가족들의 방문이 잦아지면 식비도 증가될 것이다. 당신은 예전처럼 생활하면서 옷도 계속해서 구입하고 여행도 가고 싶어 할 것이다. 어쩌면 일을 했을 때보다 더 여행이 가고 싶어 안달이 날 수도 있다. 만족감을 채우기 위해서는 그 활동에 대응하는 부가 비용이 발생한다.

이제 그림이 그려지기 시작하는가? 재정 설계사와 은퇴 전문가의 말대로 수익이 30% 삭감되어도 현재의 삶의 질을 유지하려고 애쓰는 당신의 모습이 그려질 것이다. 당신이 어두운 곳에 앉아 낡은 옷을 입고 건강이 유지되기를 쉴 새 없이 기도하면서 하루에 한 끼로 연명하는 모습을 그리고 있는지도 모르겠다.

요즘 달러가 최근 몇 년 동안의 환율 가치에 미치지 못하고 있으니 재정 설계사가 투자를 권유해도 걱정할 필요는 없다. 게임을 계속할 수 있도록 힘을 북돋아 주는 수익을 얻기 위해서는 어느 정도의 위험 부담을 떠안아야 한다.

아직은 주저앉을 때가 아니다

자, 이제 우리는 어떻게 되는 걸까? 각종 자리에 불려 다니며 재정적으로 만족스러운 대우를 받고 있는 리처드 같은 사람에게는 아무런 문제가 없다. 그렇다면 우리 같은 사람들은 어떻게 해야 할까? 우리에게 다른 선택권이 있을까?

물론 다른 선택도 가능하지만 그 뒤에 숨겨진 생각을 알아야 한다. 두려움을 벗어 던지고 선택권에 대해 질문을 해야 한다. 당황할 필요는 전혀 없다. '은퇴'라는 단어를 떠올리면 두려워지는 것이 당연하다. 사람이라면 부자연스럽고 잘 알려지지 않은 미지의 것을 겁내는 경향이 있다.

두려움은 당신이 일정 나이에 이르러 갑자기 가치 없는 인간으로 하락할 것 같다는 어리석은 생각을 받아들였을 때 생겨난다. 당신이 이 책이 전달하고자 하는 중요한 메시지를 파악한다면, 당신은 은퇴를 계획하지 않고 계속해서 가치 있는 삶을 살아갈 것이다. 두려워할 것은 아무것도 없다. 당신의 삶에 웃을 일이 더 늘어날지도 모른다.

유머 감각이 필요할 때다. 우울병으로 인해 고통받고 있는 은퇴자들을 치료해 생계를 꾸려 나가는 정신과 의사의 수를 확인해보라. 일하기를 그만둔 사람들은 곧 그들의 삶에 침투하는 공허함과 절망감에 익숙해지기 위해 힘겨워하는 경우가 많기 때문에 은퇴 후 나타나는 우울병 치료는 성장 산업이 되었다. 많은 사람이 목적 의식과 자부심을 잃고 있다. 한때 가장 성공했던 사람들이 가장 상처 입기 쉬운 존재로 변할 수도 있다. 매일매일 존경받고 추앙받던 사람이 한순간에 그런 대접을 받지 않게 된다면 어떨지 생각해보라. 어제까지만 해도 직장에서, 사회에서, 가정에서 중요한 역할을 이행하던 사람들이 하룻밤 사이에 자신의 '가치'를 잃어버렸다! 물론 실제로 가치를 잃어버린 건 아니지만 당사자들은 그렇게 느낄 수도 있다. 인식이 현실이라면 자가 인식은 현실보다 못한 곳, 허망하고 거부된 곳에 놓여 있다. 이 모두가 그들이 자신은 '은퇴해야만 한다'라고 믿었기 때문이며 이제 그들의 '쓸모 있는' 삶은 종말을 맞이했다.

그러나 아직은 주저앉을 때가 아니다. 은퇴가 거대 사업이라는 사실에도 불구하고 그것은 시대에 뒤지는 개념이라는 것을 증명하는 공통된 예시가 점점 늘어나고 있다. 기술 부족에 직면한 많은 사업이 나이 든 노동력에 그 해결책이 있다는 것을 깨닫기 시작했다. 뉴욕의 쌍둥이 빌딩이 공격당한

9·11 사건의 여파로 일어난 아이러니한 결과보다 이를 더 생생하게 보여
주는 예는 없다. 범인을 추적하기 위해서는 경험이 풍부한 기수들이 필요했
지만 FBI는 요원 중 40%가 이 일에 적합하지 않다는 것을 마지못해 인정했
다. 부적합한 요원들의 문제점은 무엇이었을까? 그들의 경력은 5년 정도이
거나 그 이하였다. 물론 그들은 빨리 달릴 수 있고 끊임없이 팔굽혀펴기를
할 수 있으며 사격 실력이 뛰어난 요원들이지만 경험이 너무나 부족했다. 이
런 국가적 비상 사태에 부딪히자 FBI는 이런 불리한 상황을 해결하기 위해
57세에 은퇴시켰던 옛 요원들을 다시 고용했다. 빈 라덴을 찾으러 할아버지
부대가 나가신다!

그때부터 미국 노동청은 매일 11,000명의 미국인이 50세가 된다는 적
나라한 현실이 의미하는 바를 받아들이기 시작했다. 그들 중 상당수가 개인
사업은 물론 전체 경제를 위협하며 노동력을 상실하게 될 숙련된 노동자라
는 사실을 인식한 것이다. FBI는 이 문제에 대해 지력, 기관과 관련된 지식,
필요한 기술을 갖춘 요원들을 계속 데리고 있는 것이 효율적이라는 결론을
내렸다. 이와 동시에 전 세계적으로 실시된 조사를 통해 은퇴 시기에 이른
대부분의 사람이 시간제 일이어도 상관없이 일하기를 열망한다는 사실이
밝혀진 점을 간과해서는 안 된다.

세상 돌아가는 이치를 재빠르고 파악하고, 그것을 실행에 옮기는 회사
들은 이미 성과를 보였다. 나이가 든 노동력은 책임만을 짊어지는 존재가 아
니라 수익성 향상에 공헌하고 있다. 일반적으로 고령자들은 젊은 동료들에
비해 신기술을 받아들이는 속도는 조금 느리지만 일단 신기술을 습득하면

상대적으로 오류를 적게 만들면서 더욱 생산적으로 기술을 적용하는 경향이 있다. 모든 중요 노동 윤리와 업무 처리에 있어서 굳이 오래된 고객 서비스 개념을 들추지 않더라도 고령의 노동자들이 젊은 노동자들보다 훨씬 뛰어난 면이 많다는 점을 알 수 있다. 고령자들과 거래하는 것을 선호하는 고객들도 많이 있다. 기민한 회사들은 이제 '고령' 노동자들을 환영하고 그들의 삶을 행복하게 만들 필요성을 깨달았다. 이 메시지는 서서히 퍼져 나가고 있다. 당신도 가만히 앉아서 세상이 변하기만을 기다려서는 안 된다. 당신 스스로 커다란 걸음을 내딛어야 한다. 태도는 이 게임의 직무이며 당신이 해결해야 하는 과제는 중대한 마음의 변화를 만드는 것이다.

안젤라는 은퇴 시기가 다가오자 현재보다 가치가 덜한 존재로 하락할 수 있다는 일련의 위기에 봉착했다. 음주 운전자의 정면충돌 사고로 딸을 잃은 지 얼마 되지 않아 안젤라와 30년 동안 함께한 사랑하는 남편 피터도 암으로 숨을 거두었다. 이 모든 상황이 마무리되자 안젤라는 자신이 지난 15년 동안 새로운 사업 담당 감독으로 활약했던 회계사 회사에서 대량 해고의 피해자 중 하나라는 사실을 알게 되었다. 안젤라의 친구들은 그녀가 실직 상태라는 것을 알고 친절하게도 그녀가 일할 수 있는 다양한 직장에 관해 재빠른 의견을 피력하면서 다시는 직장을 얻지 못할 수도 있다는 것을 상기시켜 주었다. 그들이 해줄 수 있는 최선의 조언은 이런 것이었다. "지금의 보금자리를 팔고 침실 하나짜리 아파트로 이사를 가는 것이 좋을 것 같아. 거기서 남은 돈으로 생활을 꾸려나가는 것이 어떨까?"

안젤라는 친구들의 조언 중 그 어떤 것도 따르지 않았다. 안젤라는 지역 사회에서 경험이 풍부하여 경영진의 관심을 끌지 못했던 소규모 회사들에게 전문 마케팅과 홍보를 제공하는 사업을 시작했다. 그녀는 값싼 대우를 받고 일하지 않았다. 처음 시작할 때부터 안젤라는 자신이 제공하는 조언의 가치를 과소평가하고 싶지 않았고 그녀가 창업한 틈새시장에서 자신의 가치를 낮추지 않는 것이 중요하다는 점을 알고 있었다. 안젤라는 본격적으로 고객들이 그녀를 존중하도록 교육했고 그 결과 그녀는 고객들이 높이 평가하며 추천하는 귀한 몸이 되었다. 그녀의 명성은 사람들의 입을 통해 퍼져 나갔고 15년 전에 시작한 일은 안젤라가 70세가 되어서도 계속해서 발전해나갔다.

안젤라는 실직을 당했어도 은퇴할 필요가 없다는 것을 알려주는 살아 있는 증거다. 그녀는 빌게이츠나 워렌버핏이 아니지만 그들과 가장 중요한 가치 하나를 공유하고 있다. 그것은 바로 은퇴가 그릇된 개념이라는 것을 보여준다는 점이다. 이것이 바로 당신이 해야만 하는 일이다.

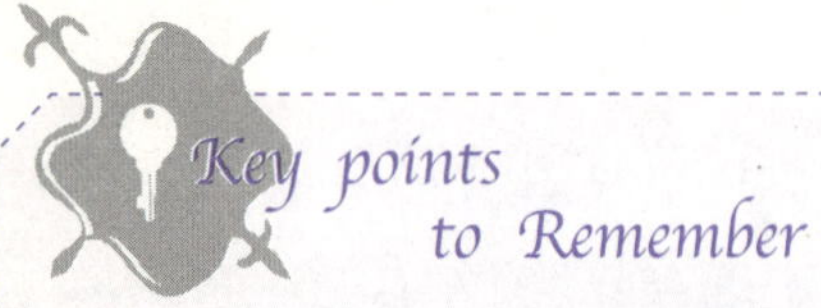

- 은퇴 후 생활을 감당할 능력이 있는 사람들은 은퇴를 하지 않는다. 그러나 은퇴를 할 수 없는 상황에 있는 사람들은 은퇴를 한다.

- 경험보다 훌륭한 것은 없다. 선견지명이 있는 회사들은 이를 알아차리기 시작했다.

- 은퇴 후에도 지출은 감소하지 않는다.

- 경제적으로나 사회적으로 은퇴는 오래된 개념이다.

Part 3

은퇴를 선택하는 것은 바로 당신이다

은퇴는 서구 사회에서 가장 크게 실패한 제도다. 수백만 명의 사람이 잘못된 개념에 사로잡혀 기나긴 여생을 우울과 근심과 싸워야 하는 결말을 맞이했다. 어디서부터 잘못된 것일까?

은퇴는 삶의 종착역이 아니다

앞에서 살펴봤듯이 은퇴는 비교적 현대적인 현상이다. 늙은 부모를 모셔야 했던 젊은이들은 도시로 흘러들어가 어두컴컴하고 음침한 공장에 노동력을 바쳤다. 불행히도 1930년대는 전 세계가 공황기였다. 공공연하게 받아들여진 문제의 해결책 중 하나는 더 젊고 적합한 사람을 위해 나이 든 노동자가 일자리를 내주는 것이었다. 고령의 노동자들은 은퇴를 받아들였고 사회의 한편으로 물러났다.

제도화된 은퇴는 국가의 공식 정책이라는 꼬리표를 달았다. 그러한 제도는 먹혀들었다. 아직 일할 능력이 남아 있는 사람들은 마치 당나귀가 당근이 달려 있는 막대기를 좇아가듯 삶의 종착역인 은퇴의 꿈을 향해 필사적으로 내달렸다. 필자들이 조사한 결과에 의하면 미래의 가능성을 한정시키며 우리를 무능력하게 만든 주범은 노동자 자신이 아니라 국가의 제도였다.

한 번 고삐를 놓은 노동자는 민첩성과 힘이 저하하기 때문에 사실상 그들은 자신만의 강점을 잃게 되었다. 정신적으로나 육체적으로 계속 일을 할 수 없다고 판단한 노동자들은 좀 더 젊고 재빠른 노동자들에게 자리를 내주기 위해 천국행을 기다리는 망자들의 공간과도 같은 은퇴라는 굴레에 갇혀야 했다.

그 후 은퇴는 건강과 부, 행복이라는 새로운 탈을 썼다. 은퇴 이후의 삶은 고된 노동 후에 찾아오는 휴식으로 인식되었다. 은퇴의 시기는 앞당겨졌고 많은 사람이 은퇴가 빠르면 빠를수록 좋은 것이라고 생각했다. 그러나 우리는 은퇴 후에도 똑같은 삶을 반복하며 지루함을 견뎌야 한다는 점을 깨달았다. 또한 사람들의 퇴직 연령은 낮아지는 반면 평균 수명은 늘어났다. 게다가 독립을 강력하게 주장하는 사람이 늘어남에 따라 상황이 악화되었다. 이 어찌 엎친 데 덮친 격이 아닌가?

요즘은 극히 일부 노인만이 가족들과 함께 산다. 새로이 은퇴한 자들은 스스로 삶과 여가를 꾸려나갈 수 있는 길을 찾을 수 있기를 기대했다. 과연 무슨 이유 때문일까?

답은 간단하다. 베이비 붐 시대에 태어나 교육을 받은 그들의 자녀들은 도시의 급성장하는 산업 현장에서 기술과 지식을 습득했다. 고향을 떠난 수많은 사람 중 귀향하여 늙은 부모를 모시겠다고 생각하는 사람은 그다지 많지 않았다. 이런 경향이 서서히 나타나기 시작한 지 한두 세대가 지나자 사람들은 자식이 노후 대책이 아니라는 것을 인식하게 되었다. 이제 노년 생활의 해결책은 키우는 데 돈이 많이 드는 자식을 덜 갖는 대신 노년을 대비해 돈을 저축하는 일이었다.

시간이 더 흐르자 일은 훨씬 간단해졌다. 개선된 교육 시스템은 삶의 질을 한 세기 전 선조들의 삶보다 평균적으로 8배 정도 향상시켰다. 이는 은퇴를 위해 저축을 할 수 있는 상당히 쉬운 여건을 마련해주었다.

정부가 은퇴 정책을 밀어붙이자 은퇴라는 축복의 땅으로 가는 표를 거머쥔 은퇴 인구가 꾸준하게 늘면서 그들을 위해 세금을 더 걷어야 한다는 압박도 함께 증가했다. '재정적 위험'이라는 말이 런던에서 워싱턴으로, 파리로, 도쿄로, 시드니로, 오클랜드로 순식간에 퍼져 나갔다. 노년 인구가 늘어나고 있는 모든 곳은 출산율의 감소와 더불어 노동력 감소라는 문제에 직면했다.

다음 해 선거를 염두에 두고 있는 정치가들은 정년을 2년 정도 축소해야 한다는 주장을 굽히기 시작했다. 몇몇 나라는 이를 받아들였고 나머지는 그렇게 하기를 바랐다.

곧 세계는 높은 세금과 낮은 연금, 늦춰진 은퇴라는 세 가지 문제에 직면했다. 그중에 더 실용적인 사람들은 정부나 개인의 도움이 아닌 퇴직 펀드를 들어놓는 것이 절망 중 희망이라는 것을 깨닫기 시작했다.

젊은 노동자들은 투표로 인한 판세 뒤집기가 있기 전까지는 지나친 과세를 꾹 참고 견뎌야 했고, 개인 펀드가 문제의 해결책으로 떠올랐다. 은퇴 게임보다 한 발자국 앞서 초기 손실을 메꿔보겠다는 필사적인 시도의 일환으로 미래를 예측할 수 없는 펀드에 투자한 후 생긴 엄청난 손실은 말할 것도 없었다. 그 결과, 많은 사람이 은퇴를 한 후에 궁핍한 여생을 보낼 위기에 처했다.

사람들은 정부에 의존할 수도, 개인 펀드에 의존할 수도, 자식들에게 의존할 수도 없는 상황에 처했다. 다음 세대는 자신을 스스로 챙기고 돌봐야만 할 테지만 대부분은 은퇴 후를 어떻게 대비해야 하는지에 대한 한 가닥의 희망도 없었다. 그들 역시 은퇴라는 시대착오적 정책에 이미 빠져버렸기 때문이다.

물론 변화는 일어날 것이다. 우리는 앞서 1960년 이후에 태어난 노동자들이 67세가 될 때까지 아무런 이득을 얻지 못한다는 것을 받아들여야 한다는 것을 조건으로 내걸었다. 이는 이미 어느 정도 기정사실이 되었다. 연금 계획은 은퇴 시기를 연기할수록 연금을 더 많이 지급하는 방향으로 수정되고 있다. 이것은 사람들이 남부럽지 않은 일을 하면서 연금을 지급받을 날이 오기 전까지 '계속 일한다'라는 희망을 갖게 하면서 일터에 좀 더 오래 붙들어두려는 냉소적인 책략보다 훨씬 더 잔인한 생각이다.

앞서 말했던 '진정으로 부유하고 성공한 사람들은 은퇴를 하지 않는다'라는 사실로 돌아가보자. 빌게이츠나 워렌버핏 같은 사람들은 그만 벌어도 될 만큼 충분한 재산이 있지만 은퇴를 한다는 것에 엄청난 스트레스를 받을 수도 있다. 은퇴하는 것은 그들이 평생 일궈왔던 것을 포기하는 것일 수도 있기 때문이다. 이런 것이 바로 은퇴가 당신에게 가져다 줄 결과다. 은퇴는 당신 삶의 제어권을 박탈하고 결국 당신이 현재와 미래를 위해서 살기보다 과거에 연연하면서 살게 만든다. 이렇게 평생을 살아가는 사람들도 있다. 당신도 그들 중 한 명이 되고 싶은가?

심지어 일을 계속하는 것이 오히려 실패의 모습 중 하나라는 생각을 가지고 있을 수도 있다. "어머, 아직도 은퇴를 하지 않으셨어요?"라는 말은 동정의 어조를 띠기도 한다.

이는 9시부터 5시까지 일하는 평범한 중간 관리자가 이웃인 경영자에게 "바쁘세요?"라고 묻는 것과 같다. 경영자의 대답이 "아뇨, 전혀 바쁘지 않아요"였을 때 중간 관리자는 경영자를 측은한 눈빛으로 바라볼 것이다. 경영자나 성공하여 부를 거머쥔 사람들은 더 열심히 일하는 것이 아니라 더 현명하게 일하기를 실천하며 성공적인 삶을 살아간다는 사실은 전혀 알지 못한 채 말이다.

닐은 보도 기관에서 일해왔다. 하지만 6개월 동안 조사한 마약 수사에 관한 보도를 싣는 것을 거부한 경영진에 의해 회사를 그만두었다. 좀생

이 경영진이 권력이 있는 정치인 친구의 평판을 지켜줘야 한다며 기사를 사장시켜버린 것이 이유였다. 모든 것을 밝힐 수 있었던 결정적인 순간이었다. 닐은 다시는 1인 사업자나 자기 마음대로 하는 리더가 있는 곳에 입사를 하여 다른 사람의 변덕에 놀아나지 않기로 결심했다. 앞으로 닐은 폭넓은 의사소통 창구를 통해 고객과 이익에 관련된 다양한 고객 명부를 만들기로 계획했다. 이제 닐은 죽는 그날까지 자신의 운명에 책임질 것이다. 닐은 은퇴를 할 마음이 전혀 없다. 그는 계속해서 일을 하며 자신의 여생을 헤쳐 나가기로 다짐했다.

우리는 왜 은퇴의 메시지에 빠져 허우적대고 있는가

어찌하여 은퇴를 반대하는 많은 이유가 있는데도 우리는 나그네쥐들처럼 낭떠러지를 향해 행군하고 있는가?

필자들이 은퇴에 대해 반대 의견을 주장한다고 해서 기분 나쁘게 생각하는 사람도 있을 것이다. 대부분의 사람이 "감사합니다"라는 말을 해야 한다고 교육받았던 것처럼 은퇴라는 것에 길들여져 있기 때문이다. 사회에서 통용되는 예의범절이 자연스럽게 느껴지듯이 은퇴라는 것도 삶의 한 부분이 되어버렸다. 이는 누군가가 당신의 역할이 끝났으니 이제 죽은 척해야 한다고 은유적으로 말하는 것을 우리가 받아들이고 있다는 뜻이다.

이 모든 상황을 더욱더 터무니없게 만드는 장본인은 바로 북미, 유럽, 호주 등지의 정치인들이다. 그들은 정년퇴직 나이를 몇 년 더 높여서라도 은퇴의 개념을 유지하기 위해 안간힘을 쓰고, 이민의 거대한 물결을 부추겨 재능 있는 많은 사람을 쓰레기 더미로 내던지려고 혈안이 되어 있다. 그들은 우리의 노년 인구가 가지고 있는 기술을 수입하는 과정에서 문명국의 초석이 되는 의사와 간호사, 교사 등을 포함한 재능 있는 사람들을 자기들 나라보다 못사는 나라에서 약탈해 오기를 일삼았다.

우리는 은퇴라는 제도를 없애는 것에 해결책이 있다는 간단한 전제에 주의를 기울여야 한다. 사람들에게 흔들의자에 앉아 있는 것보다 더 나은 일은 없다고 말하기보다는 나이를 먹으면 먹을수록 더욱 현명해지고 더욱 깊은 지각과 훨씬 더 높은 가치를 갖추게 된다는 절대 진리를 널리 퍼트려라.

또한 은퇴하기보다는 공동체에 부가한 그들의 지식과 엄청난 가치로 인해 높이 평가받던 때로 돌아갈 필요가 있다는 것을 생각해야 한다. 현재 재능 있는 젊은이들을 개발도상국에서 약탈해오고 있는 수많은 문명화된 서구 국가를 포함한 대부분 나라의 평균 연령은 향후 50년 안에 치솟을 것이다.

첫 번째 베이비 붐 세대가 '황금기'에 접어들면서 그들이 얼마나 똑똑하고 건강하고 부유한지 칭송하는 기사와 서적이 끊임없이 쏟아져 나오고 있다. 우리는 50대 이상이 무수한 돈을 번다는 사실과 전 세계 자유 재량권의 절반 이상을 가지고 있다는 보고를 끊임없이 접하고 있다. 그렇다면 우리가 이렇게 대단한 가치를 지니고 있는 중요한 사람들에게 보내는 메시지는 무엇인가? 우리는 그들이 건강하고 부유하며 엄청나게 현명하다는 것을 잘 알고 있다. 비록 탐탁지 않은 부분도 있지만 그들이 지구상의 재정·금융 자원의 대부분을 주무르고 있는 것은 사실이다. 그들이 모두에게 굉장한 은혜를 베풀면서 그 일을 그만둘 만큼 인간적으로 사려 깊을 수는 없을까?

60대로 접어든 모든 쇠약한 영혼이 은퇴하는 것을 바라지는 않는다. 많은 사람이 계속해서 일을 하기를 간절히 바라고 있다. 분명 지구 표면에서 관련 조사가 가장 많이 이루어진 베이비 붐 세대는 설문조사를 통해 (5명 중 4명) 강제적인 은퇴를 지양할 것이라고 밝혔다.

50대 이상만을 위해 전문적으로 일자리를 찾아주는 대행 회사들이 생겨난 몇몇 국가에서는 모처의 일이 진행되었다. 전 세계적으로 컨설턴트들은 기업들에게 나이가 적은 노동자들의 성장과 경력 요구를 충족시켜주는 동시에 고령의 노동자들에게 동기를 부여하고 그들을 사로잡아 유지하는 방법을 알려주며 떼돈을 벌고 있다.

이는 겉으로만 보아도 전통적인 은퇴의 절대적인 폐기를 의미한다. 은퇴 나이를 넘겨서도 일을 해야 한다는 생각에 지지를 한 대부분의 사람이 은퇴 후 연금 없이 어떻게 살아남을지 두려워한다는 점을 반드시 짚고 넘어가야 할 것이다.

영국에서 이루어진 한 조사에서 4명 중 3명이 은퇴 나이를 넘겨서 일하는 것이 이상적이라고 생각한다는 결과가 나왔다. 이는 필자들의 주장에 힘을 실어준다. 다시 한 번 경고하겠다. 이런 논의의 상당 부분은 연금과 세금에 대한 부담을 줄이자는 취지에서 이루어지고 있다. 또 선택권을 제시한 다른 조사에서 영국인들은 58세 정도에 조기 은퇴하기를 원한다는 결과가 나왔다. 이 모든 혼란은 영국 정부가 회사에서 은퇴 정년을 정해 놓는 것을 금지하는 것에 관한 찬반 양론의 목소리를 높임과 동시에 2030년에는 국가 연금 수령 연령을 70세로 올릴 거라는 이야기를 하면서 야기된 것이다.

이런 고무적인 조짐들은 불행한 나날을 제거하려는 용감무쌍한 시도 정도로 그친다. 이런 조짐 중 그 어떤 것도 '고령층'의 삶의 질을 높이는 것에 아무런 도움이 되지 않는다는 사실에 주목하라. 이것은 모두 내부에서부터 곪기 시작한 연금 기금에 대한 중압감을 완화시키기 위한 미봉책에 불과하다. 그 누구도 선택의 기회를 받지 못했다. 결정을 하는 주체는 정치인들과 통계학자들이다. 그들의 손에 당신의 여생을 맡기게 되어 행복한가? 필자들은 절대 그렇게 생각하지 않는다.

은퇴는 희망적인 꿈이 아닌 악몽이 될 수도 있다

연금을 지불하는 능력이 없는 것에 대해 논의하는 대신 우리가 은퇴 시기만을 바라보며 일하는 사람들의 가치 있는 역할을 받아들이지 않을 경우 사회가 어떻게 무너질지에 대한 논의가 이루어져야 한다.

힘은 이동했다. 가게를 성공적으로 운영할 젊은이들이 충분하지 않다. 현재 당신은 운전석에 앉아 있다. 속임수는 당신이 운전대를 넘겨줄 의도가 전혀 없다며 자동차가 달리고 있는 도중에 뛰어내리리라고 단호하게 경고한다.

중요한 것은 없어도 되는 존재로 분류된 사람들이 지휘권을 잡고 규칙을 사용할 필요가 있다는 것이다. 은퇴의 꿈은 끝을 향해 가고 있을지 모르지만 악몽이 될 이유는 없다. 많은 회사가 숙련된 직원을 모집하는 일이 점점 어려워지고 있다는 것을 깨닫고 있다. 우리는 이런 사태를 헤쳐 나가고 있다.

이제 가장 중요한 것은 마음가짐, 바로 당신의 태도다. 단지 은퇴의 시기를 몇 년 더 늦춘다고 생각하지 않는 것이 가장 중요하다. 은퇴를 당신에게서 영원히 지워버리는 것이 바로 그 비책이다. 그 시기는 당연히 당신이 개인적인 사유들로 속도를 늦추기로 결정할 때 다가올 것이다. 하지만 전적으로 그 시기와 장소에 대한 결정은 당신의 몫이다. 이제부터 당신에게 책임이 있다.

- 우리는 국가나 개인 기금, 혹은 자녀들에게 의존할 수 없다.

- 50대 이상 인구가 전 세계 자유 재량권의 절반을 가지고 있다.

- 당신을 뒤따를 젊은 노동자들이 충분치 않다. 현재 운전석에 앉아 있는 사람은 바로 당신이다.

- 지금 가장 중요한 것은 당신의 마음가짐이다.

Part 4

우리는 끊임없이 움직이도록 태어났다

이제 인간의 비인간성에 대한 전형적인 이야기를 전개하고자 한다. 울적해질 수도 있다는 것을 미리 밝힌다.

은퇴, 인간 영혼 몇 대에 걸쳐 잔혹하게 조작된 결과

은퇴의 신화는 인간 영혼 몇 대에 걸쳐 잔혹하게 조작한 결과다. 우리는 선천적으로 생존을 위한 강한 충동을 가지고 태어났지만, 사회적으로 결정된 날짜에 맞춰 일을 그만두어야 한다는 것을 교육받았다.

이것은 정말 말도 안 되는 소리다. 하지만 현재 선진국을 움직이는 세계 질서와 상업 규칙의 본질에 있어서는 놀랄 만한 일도 아니다. 우리는 돈이 가장 중요하고 점점 가치가 아닌 가격으로 인해 돌아가는 세상에서 살고 있다.

우리는 자동차에서 세탁기에 이르기까지 이름을 댈 수 있는 모든 기구를 필요 없는 붙박이 비품들과 함께 디자인한다. 이런 기구들은 제조업자와 소매상인이 꾀한 기간보다 더 오래 사용할 수 있지만 업자들이 다른 모델을 디자인해 낼 테니 걱정할 필요가 없다. '머스트 해브(must-have)' 새로운 모델! 광고가 우리에게 그렇게 떠들어대기 때문에 우리는 그 물건을 반드시 가져야만 한다고 생각한다.

의류 디자이너와 제조업자가 이런 마케팅의 진실을 처음으로 깨닫게 된 장본인들일 것이다. 이미 자신에게 완벽하게 어울리는 코트가 있는 사람들이 새 코트를 사기 위해 밖으로 나오게 할 수 있는 방법은 무엇일까? 매우 간단하다. 사진사들을 미친 듯이 날뛰게 놔두고, 말도 안 될 정도로 삐쩍 마른 젊은 여자들에게 옷을 입혀 패션쇼 런웨이를 누비게 하는 것. 순식간에 대중들은 "반드시 사야 해! 가지고 말 테야!"라고 외치면서 가게 문 앞에서 난리를 칠 것이다.

비참하게도 이런 방법은 사람들에게 먹혀든다. 해를 거듭하면서 패션 산업은 셀 수 없이 많은 사람에게 단지 달라 보이는 옷을 구입하게 하기 위해 속옷부터 신발, 정장, 핸드백에 이르기까지 멀쩡한 것을 모두 버리도록 꼬드겼다.

"이봐! 당신 청바지는 이미 유행이 지난 것이라고!"

불과 1년 전에 당신에게 옷을 판 바로 그 사람들에게서 이런 소리를 들은 적이 있을 것이다. 유행에 뒤처진 청바지에 관한 터무니없는 소리가 마음에 와닿지 않을 수도 있지만 사실을 받아들여라. 당신은 유행에 민감한 사람이다. 좀 더 정확하게 말하자면 당신은 다른 사람들과 다르게 보이기를 늘 원하고 있다. 그렇기에 새 운동화와 새 셔츠, 새 세탁기, 새 텔레비전 등 새로운 물건에 대해 생각하기 시작한다. 많은 것을 갖춘 후에는 자동차에도 관심을 보인다. 최신 패션으로 머리부터 발끝까지 치장을 했다 하더라도 운전하고 있는 자동차 운전석에 온통 잘못된 메시지를 실었다면 결국 도달하게 되는 요점은 무엇인가?

사실 이것이 바로 모든 요점을 담고 있다. 우리는 사람들이 말하는 것, 그들의 생김새, 입고 있는 옷, 머리 모양, 피부색, 운전하는 차 등을 바탕으로 의견을 형성하도록 교육받았다.

우리는 사람들이 살고 있는 장소와 하고 있는 일 그리고 무엇보다도 그들이 달고 있는 직함으로 사람들을 평가한다. 우리는 그들을 실제로 만난 적도, 이야기를 나눠본 적도 없다. 그들이 국제화, 중동 아시아 혹은 TV 드라마 〈로스트〉에 숨겨진 메시지에 관심이 있는지 없는지에 대한 단서를 가지고 있지도 않다. 그 사람들이 자녀를 구타하는지, 범죄를 저지른 적이 있는지, 유명 가수의 콘서트에 가본 적 있는지도 알 턱이 없다.

그러나 우리는 사람들이 무슨 옷을 입고 어떤 일을 하며 어디에 살고 있는지 너무나도 잘 알고 있다. 물론 그들이 어떤 차를 운전하는지에 대해서도 빼삭하다. 눈 깜짝할 사이에 우리는 이런 정보를 바탕으로 사람들에 대한 의견을 형성한다. 좋은 사람인지, 나쁜 사람인지, 아니면 대수롭지 않은 사람인지.

당연히 다른 사람들도 이런 하찮고, 부적절하며 불합리한 기준으로 똑같이 우리를 평가한다는 것을 날카롭게 의식하고 있다. 따라서 우리는 브랜드 사업에 합류한다. 브랜드화는 이제 너무 중요한 것이 되어버려서 우리는 판매 급증을 돕는 광고에 푹 빠져 손해에 손해를 덧입고 특권을 위해 웃돈을 지불한다. 자신을 조건에 맞는 사람으로 만들어주는 브랜드 옷을 입기 위해 거품처럼 팽창된 가격을 지불하는 것이다.

심지어 바깥쪽에 라벨이 붙은 옷을 입어 당신이 이런저런 특정 브랜드 옷을 사 입을 능력이 된다는 것을 세상에 널리 보여주기도 한다. 브랜드가 서양의 것인지, 동양의 것인지는 상관없다. 공장에서 피죽이나 먹는 노동자들이 받는 저임금 덕분에 생산비가 얼마나 드는지도 문제가 되지 않는다.

중요한 것은 구입을 하는 데 얼마가 드느냐는 것이다. 브랜드는 그 물건이 어느 정도는 값이 나간다는 것을 의미한다. 어쨌든 이런 점이 당신을 돋보이게 만든다. 자, 우리는 분명 이 글을 읽는 동안 울적할 것이라고 경고한 바 있다.

몇몇 조사에 의하면 우리 중 브랜드에 민감한 사람들은 브랜드 제품을 구입할 때 브랜드 라벨을 달지 않았을 뿐인 동일한 제품보다 10배 이상의 가격을 지불한다고 한다. 한번 생각해보라. 고작 브랜드 라벨 하나 때문에 우리가 내야 하는 가격보다 10배 이상의 돈을 지불하는 것이다.

좋은 소식은 브랜드 가격이 시장에 먹히지 않는 때가 온다는 것이다. 은퇴는 이렇게 곧 사라질 브랜드일 뿐이다.

우리는 인식이 현실이 되는 세상에서 살고 있다

은퇴는 입어서 행복해지는 브랜드 옷처럼 판매되었다. 가혹한 현실은 우리가 작년에 구입한 구두를 가져다 버리듯이 가볍게 일을 그만둘 수 있으며 그렇게 해야만 하는 은퇴라는 상품을 기꺼이 받아들였다는 사실이다.

우리는 우리의 정신이 어떻게 짜여 있으며 행동이 어떻게 수정되었는지에 대한 질문으로 다시 돌아가야만 한다. 하지만 지금은 어찌하여 이런 어리석은 생각을 통째로 받아들였는지에 대해 초점을 맞추도록 하자.

이미 은퇴 산업에서 다양한 기수들이 확실히 걱정을 안고 있다는 것을 알고 있다. 공정을 기하기 위해 전문가들은 은퇴 후 재정 유지를 위한 경종의 벨을 울리기 시작했다. 조기 은퇴하는 사람들을 감당할 능력이 있는지, 아니면 그것이 전혀 불가능한 일인지에 대한 궁금증이 증폭되고 있다. 출산율은 저하되는 반면 건강 상태는 좋아지고, 생활에 대한 기대치가 높아지면서 갑자기 늙은 구두쇠들을 부양할 예산이 충분하지 않다고 말하는 정치인들이 나타나기 시작했다.

뿌연 미래를 감지한 정치인들은 노동 인구가 정년에 받는 정부 연금에 대한 기대치를 비방하기 시작했다. 전 세계 사회 분석가들은 은퇴 정책의 타당성에 대해 진지하게 의문을 표하고 있다.

우리는 사람들에게 60대 후반까지 은퇴를 미루라고 설득하기 위한 변화의 물결이 어떻게 작용하고 있는지를 살펴봤지만 이는 요점을 놓치고 있다. 은퇴를 연기하는 데에는 진정한 요점이 담겨 있지 않다. 우리는 은퇴 자체를 내몰아야만 한다. 다양한 경우에 적용되는, 자신들이 꿈꾸는 두둑한 연금 계획이 포함된 정치인들과의 문제는 유권자의 사리사욕에 의존한다. 그러므로 정치인들의 당선 가능성이 높은 선거 지역과 자신들이 원하는 것을 모두 얻을 수 있을 것이라 예상되는 곳에 관심을 쏟는다. 그것은 유권자의 자기 이익에만 의존하고 있는 것이기 때문에 그들의 중대 관심사는 강력한 선거 지역을 확인하고 자신들이 원하는 것을 기대하는 것이다. 사람들이 무엇보다도 가장 원하는 것은 무엇일까? 그것은 바로 안전과 보호다.

안전과 보호는 결국 양질의 교육과 건강 서비스가 우리의 개인적 안전을 거리에서뿐만 아니라 각자의 집에서도 보장해주는 능률적인 경찰력과 결합해 발생하는 것을 칭한다.

보호는 가장 중요한 기본 요소이지만 이 모든 것을 초월하는 더 중요한 것은 당신이 도움이 필요하다는 약하디약한 신호만 보내도 도움의 손길이 찾아올 것을 아는 데서 오는 안전성이다. 모든 현대 사회는 정신적으로 문제가 있거나 나이가 든 인구를 어떻게 돌보느냐에 따라 평가된다.

정치인들은 대공황과 두 차례에 걸친 참혹한 세계대전으로 인해 보호에 대한 필요성을 안전화하기 위해 사회복지 상태에 대한 개념을 기회로 삼았다. 그리고는 이것을 미끼로 유권자들을 여러 방법으로 사로잡으려는 책략을 사용하기 시작했다. 이 모든 것은 즉각적인 유토피아의 약속과 함께 시작했다. 무료 교육과 무료 건강 관리, 극빈곤층을 위한 무료 주택 공급, 무직자를 위한 재정적 지원까지. 그중 가장 최고로 뽑을 수 있는 공략은 모두가 행복하고 당당한 은퇴 후 삶을 보장하는 연금에 대한 약속이었다. 은퇴 후를 위해 저금을 했든지 안 했든지 간에, 그런 풍요로운 삶을 살 가치가 있는지 없는지 간에 당신이 해야 하는 일은 오래오래 사는 것이다. 이런 공약들의 실행은 충분한 세금 인상에 의존하고 있었다. 수백만 명 젊은이의 목숨을 앗아가 엄청난 손해를 안겨다 준 두 번의 세계대전 이후 사회가 재건을 하고 있을 당시 이런 과분한 연금에 대한 약속이 생겨난 것이 문제였다.

은퇴 사업에서 '사업'이라는 것은 은퇴를 위한 단어일 뿐

제2차 세계대전의 상흔에서 벗어나 안심하게 된 생존자들은 열정을 담아 축하를 하기 시작했다. 그 결과 출산율은 엄청나게 상승했다. 이 현상의 출현을 우리는 '베이비 붐 세대'라고 칭하고 있다. 사람들은 이제 건강과 교육 서비스에 대한 육중한 부담감을 느꼈다.

이제 사람들은 일자리를 찾을 수 없어 정부 기금에서 보조를 받기 위해 손을 내밀었다. 이와 더불어 대두된 문제점은 일하고 있었던 사람들, 좀 더 나은 교육을 받고 이전보다 더 똑똑한 사람들이 사람 손보다는 기계를 이용해 수요가 많은 재화를 제조할 더 많은 방법을 찾기 시작한 것이다.

문제는 여기에서 그치지 않았다. 아시아의 머리 좋은 사람들은 미국에서 시작된 기술과 반도체 혁명을 빠르게 가속해 자신들의 고유 산업 혁명에 접목시켰다. 아시아인들은 저가의 트랜지스터 라디오를 생산하기 시작했고, 이윽고 스테레오 시스템과 텔레비전, 컴퓨터, 가능한 모든 옵션을 겸비한 자동차를 급속도로 생산하기 시작했다. 처음에는 부끄러움도 모르고 복제품을 만들어냈지만 이내 일본과 대만, 한국의 진취적인 기술자들은 대단한 기술 발전을 꾀할 수 있다는 점을 깨달아 혁신적인 저가의 신제품을 출시했다.

재빠른 기술적 발전 속에서 서구 사회는 급속히 증대하는 인구뿐만 아니라 아시아의 신흥 수출 경제로 인해 산업 핵심부를 공격당한 문제점에 직면했다. 이 전쟁에 뒤늦게 합류한 잠자는 경제 호랑이인 중국을 절대 빠뜨려서는 안 된다. 경제의 시대가 지나가자 우리는 이런 일이 일어나는 것이 당연한 이치라는 것을 인정해야 했다. 우리보다 더 위대한 사람들이 이 문제에 어울리는 방대한 서적들을 출간했다. 한때 경제를 쥐고 흔들었던 나라들이 이제는 사회복지 과제에 대해 곰곰이 생각하기 시작했다. 급속도로 늘고 있는 고령 인구를 위한 건강 관리 자금을 어떻게 마련할 수 있을까? 양질의 교육을 계속 공급할 수 있는 방법은 무엇일까? 늘어나고 있는 미취업자와 취업이 불가능한 사람들을 보조할 수 있는 방법에는 어떤 것이 있을까?

해답은 복지 제도의 신중한 폐지에 있다. '무료'라는 단어는 '보조금 지급'과 '자가 지불'이라는 익숙한 말로 점차 대체되고 있다.

물론 교육은 여전히 '무료'이지만 거주하고 있는 지역에 따라서 소정의 추가 부담금이 있을 것이다. 극빈곤층에게는 교육이 무료이지만 부모들 중 자녀들을 그런 지역에 있는 학교에 보낼 사람은 거의 없을 것이다. 빈곤층이 아닌 사람들은 최고의 선생님들을 확보하기 위해 웃돈을 지불하기도 한다. 현대 세상의 가장 아이러니한 사실 중 하나는 신세계의 경제는 숙련된 노동자를 필요로 하지만 누구나 쉽게 이름을 댈 수 있는 나라에서 실패된 교육 시스템을 들여왔다는 것이다.

의료도 여전히 '무료'라고 말하고는 있지만 수입에 따라 약간의 추가 비용이 있다. 유감스럽게도 대부분의 공공 의료 서비스는 질이 너무 낮아서 적은 비용으로는 고통을 경감시킬 수 있는 진료를 할 수 없는 상황이다. 전 세계 대부분의 선진국에서는 의료보험을 감당하기 위해 열심히 발버둥치는 반면, 정말 가난한 사람들은 의료 문제에 있어서는 특히 무지한 상태다.

경찰력은 여전히 무료로 제공되고 있지만 그 가치를 점차 상실하고 있다. 많은 부유층은 자신들만의 경비원을 고용한 폐쇄 공동체를 형성하기도 했다. 반면 일반인들은 이웃들과 함께 탄원서를 제출해 문제를 해결하고자 노력하고 있다.

기본 서비스의 적자와 더불어 본래 도움이 필요한 사람들에게 단기간 구제를 해주기 위해 설계된 사회복지 프로그램은 문명사회의 문전에서 일자리를 구할 수 없는 사람들이 성난 군중으로 변하는 것을 막기 위한 정부의 보험 계획으로 변질되었다.

이 모든 말이 사람들의 기분은 고려하지 않은 채 너무 무신경하게 들릴 수도 있다. 하지만 우리는 그냥 모진 현실을 받아들이고 앞을 바라보며 나아가야 한다.

은퇴 사업에서 '사업'이라는 것은 은퇴를 위한 단어일 뿐이다. 위의 내용을 요약해보도록 하겠다.

- 우리는 일자리의 공석을 만들기 위해 목장으로 내몰리기로 결정되었다.
- 출산율의 하락과 교육 시스템의 실패는 새로운 숙련된 노동자가 줄어들었음을 의미한다.
- 현명한 회사들은 고령의 고용자들을 유지하고 심지어는 재교육을 시키려는 움직임을 보이고 있다. 이들은 50세가 넘은 사람들이다.

삶은 지나간 것이 아니라 당신 앞에 놓여 있다

현실 사회에서는 엄청난 수의 사람이 은퇴라는 미리 계획된 끔찍한 운명에 여전히 괴로워하고 있다. 그 이유가 무엇일까? 우리는 은퇴를 하는 것이 옳다고 믿도록 세뇌당해 왔기 때문이다. 이는 진실이 아니다. 인류는 생존하기 위해 태어났다. 우리는 모든 본능과 진화를 통해 계속해서 일을 하고 충만한 삶을 살라는 지시를 받았다.

우리는 120세가 될 때까지 살 것이라는 어리석은 생각을 품지 않는다. 언젠가는 죽게 될 그런 존재들이다. 그러나 우리의 과거에는 일선에서 물러나라고 제안하는 욕구가 전혀 없다. 우리의 본질적 주체는 살기 위한 욕망으로 인해 움직인다. 은퇴는 삶과 전혀 관계가 없는 일이다. 은퇴의 정의를 다시 한 번 기억하라. '시야에서 제거되는 것', '사회에서 퇴출되는 것'.

우리가 일정 나이가 됐을 때 사회가 우리에게 기대하는 것이 바로 은퇴이다. 우리 사회는 의료와 교육, 보금자리를 사람들에게 안전하게 제공하는 것에 실패했다. 그런데 왜 우리는 사회의 최후 지시를 따르기 위해 심사숙고하는 것일까?

지금 당신이 낮은 목소리로 중얼거리는 소리가 들려온다.

"그렇게 이야기하는 게 고상하고 멋지다고 생각하겠지? 그런데 내가 할 수 있는 일이 뭐야? 내가 실제로 은퇴를 어떻게 피할 수 있다는 거야?"

우리는 여기서 개개인마다 다른 요구에 응할 수 있는 해결책을 고안해야 되기에 약간의 딜레마에 부딪힌다. 그러나 우리는 당신이 재정을 확보하든지 아니면 건강을 유지하든지 재정과 건강을 모두 잡을 수 있기를 바라며 '은퇴하지 않기'에 대한 생각이 이제 당신의 마음을 움직이고 있다고 생각하고 있다.

당신이 이와 관련해 직면할 첫 번째 사실은 해결책은 당신의 손에 달려 있으며 당신 혼자서 해결해야 한다는 것이다. 아무도 당신에게 정답을 알려주지 않는다. 그러니 당신이 해야 할 첫 번째 일은 앞 장에서 피력한 '은퇴'라는 단어 자체를 당신의 어휘에서 지워버리는 것이다.

이 자체만으로도 목표를 꽤 달성한 것이다. 55세 이상 미국 남성 인구 중 1/3이 더 이상 일을 하지 않고 있다. 이런 통계 결과는 전 세계를 걸쳐 동일하게 나타나고 있다. 엄밀히 말해 그들 모두가 은퇴를 한 것은 아니다. 그 중 상당수가 해고됐거나 일자리를 잃고 자신이 50세 이상인 사람은 누구나 차별하는 시장의 힘의 피해자임을 깨달은 사람들이다.

불공정하지만 당신이 이에 대해 할 수 있는 일은 그다지 많지 않다. 당신이 할 수 있는 일은 일단 피해자처럼 행동하는 것을 멈추는 일이다. 이제 당신의 실생활에 대해 생각할 필요가 있다. 어떤 것을 잃었는지 파악하기 위해 좋았던 옛 시절은 그만 떠올려라. 할 수 있었는데 하지 못했던 일에 대한 미련은 과감히 버려라. 그 무엇보다 당신에게 필요한 것은 여생에 관해 생각하는 것이다.

요점에 더 가까이 다가가 보면 당신은 이제 삶을 뒤에 남겨 둔 사람이기보다는 삶이 당신 앞에 펼쳐진 사람처럼 행동해야 한다. 기분의 차이점을 알겠는가? 삶은 지나간 것이 아니라 당신 앞에 놓여 있다. 은퇴하는 대신에 당신 앞에 펼쳐져 있는 재개발과 회춘, 완전히 새로운 세상에 대해 생각하라. 이제 당신은 자신에 대한 책임감을 안고 남은 나날 동안 무엇을 할지 결정할 수 있다.

여기에서 일반적인 경고를 하도록 하겠다. 이는 거대한 자연으로 도보 여행을 가자거나, 성가대에 합류하자거나 전 세계를 배낭여행하자는 뉴에이지의 메시지가 아니다. 이들 중 어떤 것을 행동으로 옮길 수도 있겠지만 그것이 정답은 아니다. 여기서 말하고자 하는 단 하나의 목적은 살아 숨 쉬는 단어인 '인생'과 더불어 더욱더 풍요롭고 보람찬 삶을 향해 앞으로 계속 나아가자는 것이다. 우리는 끊임없이 움직이도록 태어났다. 그렇기에 멈추는 것은 죽음을 의미한다.

전형적인 나이 든 사람들의 집을 방문해보면 그에 대한 증거를 얻을 수 있다. 대부분의 나이 든 사람은 안락의자에 앉아 등을 구부정하게 굽히고 무릎에 담요를 덮고 차를 홀짝홀짝 마시며 텔레비전을 보고 있다.

이런 행동은 하지 말라. 이 책을 위해 조사를 하는 동안 필자들은 그런 풍경이 있는 가정을 방문해 한 사람과 대화를 나누었다. 그는 이제 70대에 접어들었고 여전히 모임에서 중요한 직책을 맡고 있었다. 은퇴에 대해 대화를 하던 중 그는 양해를 구하고 인터뷰가 이루어지고 있던 자리를 떠났다. 필자들은 후에 그를 다시 만날 기회가 있었다. 그는 그 당시 자신의 행동에 대해 이렇게 말했다.

"죄송합니다. 그때는 그 자리에서 벗어나고 싶었어요. 너무 침울했거든요."

그러니 은퇴를 몇 년 뒤로 연기하고자 하는 것은 잘못된 생각이다. 이 논리는 요점을 완전히 잃고 있다. 이 모든 결과는 제 역할을 하지 못하는 정부와 지급 만기일이 다가오고 있는 모든 지불 건을 어떻게 해결할지 고민하는 실패한 연금 기관의 관리자를 도와주기 위함이다. 처음부터 속아 넘어간 우리들에게 엄청난 충격으로 다가올 것이다. 은퇴라는 고도의 신화를 받아들인 영혼들은 전 세계에 셀 수 없을 정도로 수두룩하다. 물론 예외인 사람들도 있다.

앤드류와 샌드라는 태평양 남부 한복판을 40피트 요트를 타고 항해 중이었다. 그 와중에 앤드류의 건강에 문제가 생겼다. 그 둘은 안전한 항구를 찾아내 의료 치료를 받았다. 그리하여 모든 것이 정상으로 돌아왔지만 자신들이 처했던 상황을 다시 평가해보는 것이 좋겠다는 생각이 들었다.

앤드류와 샌드라는 매매를 하면서 기업체를 상대하는 전기 도매상을 운영하고 있었다. 그것은 45년 전에 시작한 사업이었다. 그들의 첫 결심은 샌드라에게 좀 더 적합한 일을 찾는 것이었다. 관절에 문제가 나타나기 시작한 샌드라는 3층짜리 집을 오르내리는 것을 힘들어 했다. 그들은 획기적인 결정을 내렸다. 가장 먼저 침실 세 개, 욕실과 차고가 각각 두 개가 있는 1층짜리 집으로 이사를 갔다.

일찍이 그들은 21살짜리 조수를 고용했다. 그들은 조수에게 앤드류가 존경받는 국제 요트 심판이기에 해야 하는 세계 여행을 하는 동안 사업을 계속 성장시킬 수 있도록 회사 지분의 40%를 인센티브로 주었다. 그렇게 함으로써 지난 15년 동안 그들의 사업은 성공을 누릴 수 있었다.

주말에는 자녀들과 손자, 손녀들을 보트에 태우고 여가를 즐기기도 했다. 앤드류는 종종 은퇴할 때를 대비하여 저축을 하고 있다는 말을 하기는 하지만 은퇴라는 개념이 그들의 머릿속에 들어온 적은 한 번도 없었다. 그때 앤드류와 샌드류의 나이는 각각 80세, 82세였다.

당신 역시 은퇴라는 잘못된 개념에 정면으로 맞선다면 실망과 불행을 안겨주고 당신의 가능성을 완전히 저버리는 것을 피할 수 있다. 이제는 남은 나날을 얼마나 활기차고 보람되게 보낼 것인지에 대해 계획을 세울 때다.

이 사회는 당신이 일찍이 무덤에 들어가야 하기 위해 일하고 있다고 말하고 있다. 그런 상황을 멀리 하라. 이제 당신도 알고 있듯이 필자들은 더 열심히 일하는 것이 아니라 더 현명하게 일함으로써 진정한 결과를 위해 모든 배경과 경험을 쏟아부으라고 제안하고 있다.

이제 '은퇴'라는 것은 더 이상 당신의 어휘에 존재하지 않는다. 당신은 여생을 살아갈 준비를 꾸준히 해나가야 한다.

- 은퇴는 시장에서 자동 퇴출된 브랜드이다.

- 전 세계 사회 분석가들은 은퇴 정책의 유지에 대해 의문을 던지고 있다.

- 은퇴에 대한 생각을 접고 지나가버린 삶이 아닌 당신 앞에 놓인 삶에 초점을 맞춰라.

- 우리는 끊임없이 움직이도록 태어났기 때문에 멈추면 죽는다.

Part 5

당신에게 '은퇴'라는 말은 해당되지 않는다

마침내 많은 사람이 은퇴라는 개념이 더 이상 살아남을 수 없는 현실에 눈을 뜨기 시작했다. 전 세계적으로 대부분의 국가는 은퇴 기금에 있어서 기부금을 따로 책정하였다. 그중 강제적인 1년 단위 정책으로 인해 오스트레일리아가 선두에 서 있으며 미국은 재빠르게 그 뒤를 따르고 있다. 비록 그렇다 하더라도 미국의 각 세대는 이 세대에 약속된 재정상의 계약으로 50만 달러를 빚지고 있다고 추정된다. 이는 미국 정부의 일시 차입의 단기 채권이 57조 7천만억 달러에 이른다는 말이다.

기대와 현실 사이에 이 적자를 진지하게 받아들이는 사람은 아마도 거의 없을 것이다. 이에 대해 정부도 심각하게 생각하지 않는다. 물론 그들은 이 문제에 대해 걱정하고 있다. 그들은 수면 위로 서서히 모습을 드러내기 시작한 재정적 부담을 느끼며 자신들에게 그 문제를 해결할 능력이 없음을 깨달았다.

문제는 첩첩산중으로 쌓여 있다. 서서히 대두되는 은퇴자의 증가로 인해 투자할 돈이 부족할 뿐만 아니라, 늘어가는 고령의 연금 수여자의 의료 문제를 해결하는 것은 불가능에 가까울 정도가 되었다. 대부분의 의료 시스템은 이미 삐걱거리는 소리를 내며 무너져 내리고 있다. 영국에서 뉴질랜드에 이르기까지 일반 국민들이 의료 시스템이 원활하게 돌아가고 있다고 믿게 만들기 위해 통계를 조작하기도 했다. 그로 인해 고통을 겪고 있는 많은 사람이 대기 명단 여기저기에 옮겨지는 어처구니없는 상황이 벌어지기도 했다.

노후에 개인적인 의료 계획에 의존하는 것 역시 해결책이 아니다. 매년 의료 할증금은 재정적으로 유지할 수 없을 때가 될 때까지 증가할 것이다. 당신의 개인 의료 계획 역시 노화와 관련된 심각한 병은 감당할 수 없을지도 모른다.

그렇다면 무엇보다도 가장 먼저 해야 하는 최선의 해결책은 무엇일까. 그것은 바로 은퇴하지 않는 것이며 건강 관리를 우선으로 하는 것이다. 최선을 다해 최대한 오랫동안 몸매와 건강을 유지하라. 절대로 포기해서는 안 된다. 그 어떤 의료 시스템도 안전하지 않다. 기껏해야 안전하다는 인식만 안겨줄 뿐이다.

건강 외에도 우리는 '은퇴' 후 정부가 마지못해 보조해 줄 연금과 지금껏 저축해 둔 돈으로 살아가면서 실제로 어떤 일이 일어날 수 있을지 예상할 수 있는 방법이 없다. 정부와 정치인들은 모든 일을 재정상의 관점으로 바라보고 우리 또한 그렇게 하도록 제약한다. 정부는 문제점을 처리하고 밑바닥에서 문제에 대한 해결책을 제시함으로써 가까스로 목숨을 부지한다. 무슨 이유 때문이냐고? 밑바닥에 표를 던져 줄 투표자가 있기 때문이다.

당신이 이 세상 어디에 있든지 안타깝게도 은퇴 후 건강 관리와 보조에 관한 약속은 허울만 좋을 뿐이다. 서구 사회 중 의료와 은퇴를 고려해 시민들과 한 약속을 충족시킬 수 있는 충분한 자금을 가진 국가는 한 곳도 없다.

이런 것에 철저하게 바보같이 넘어간다면, 이 책을 이 정도까지 읽었는데도 아직까지 자신의 여생에 대한 책임을 아무 정치인에게나 맡기려는 생각을 가지고 있다면 당신은 아마 아무런 도움도 받지 못할 것이다.

정부나 정치인들의 화려한 말솜씨에서 벗어나 사실을 있는 그대로 보라. 그들의 말은 듣기 좋을 뿐이다. 최근 몇 년 동안 정부가 개입하여 의료 분야가 개선되었는가? 은퇴 후 기대하는 삶이 향상될까? 걱정할 필요는 전혀 없다. 그 모든 것이 낭떠러지의 밑바닥에서 당신을 기다리고 있을 것이다. 정말 소름 끼치는 일이 아닐 수 없다. 믿음을 가지고 껑충 뛰어내리는 것도 물론 해결책은 아니다.

바닥에 안정적으로 발을 내딛고 삶을 다시 들여다보아라.

- 당신은 결코 은퇴하지 않을 것이다.

- 당신은 활동적이고 생산적인 상태를 유지할 것이다.

- 당신은 은퇴한 후 계획한 모든 일을 진행할 것이다.

은퇴하기를 거부하면 '은퇴'는 아무런 문제가 되지 않는다

제조업의 위기에 동참하기를 거부하라. 오히려 이는 'Y2K'를 둘러싼 대소동에 가깝다. Y2K를 기억하는가? 시계가 새 천년 시대인 2000년에 들어서는 자정으로 다가가면 전 세계 컴퓨터들이 충돌할 것이라고 예보한 사건 말이다. 전기가 모조리 나가고 금융시장은 공황에 빠지고 핵미사일이 발사될 것이라는 말이 떠돌았다. 컴퓨터 소프트웨어는 0과 1로 이루어진 2진수로 제작되었다. 0이 두 개 있으면 붕괴되라는 지시를 담은 소프트 프로그램을 제작한 사람은 아무도 없었다. 이미 세계는 상상에 불과한 위기를 막기 위해 몇 조 달러를 투입하면서 분별없는 공포에 사로잡혔다. 시계가 자정을 넘겨서 똑딱거릴 때 세계는 조용히 돌아갔다. 뒤돌아보며 후회하는 것보다 안전한 것이 좋지만 그렇게 당혹스러운 정적이 흐르는 순간도 없었다.

은퇴는 종이 달린 또 다른 Y2K이다. 은퇴는 겉으로 보기에는 설명할 수 없는 문제점을 담고 있는, 마치 어렴풋이 보이는 산처럼 모습을 드러냈다. 그런데 '은퇴의 산'이 실제로 있는가? 그것은 피할 수 없는 상황이며 설명이 불가능한 것인가? 사실 우리가 거울로 가득한 홀에 갇혀 있는 것이라면? 거울 미로를 빠져나와 현실로 돌아오는 방법을 어떻게 찾을 수 있을까? 정답은 간단하다. 거울을 바라보지 말고 발밑을 보며 사람들이 제일 많이 지나다녀 닳은 길을 따라 나와라. 이와 동일한 방법으로 은퇴라는 미로에서 빠져나와 생애 최고를 선사할 길을 따라 걸어 나와라. 거울에서 눈을 떼고 자기 자신의 발을 내려다보라. 예전에 어떤 일이 성사됐는지 곰곰이 생각해보라. 자신만의 길을 따라 평생 외쳤던 것을 실행하라. 왜 이제 와서 바꾸려고 하는 것인가?

당신은 건강을 유지하기 위해 부단한 노력을 했고 즐거움의 합당한 보상을 위해 일을 해왔다. 만약 그렇게 살지 않았다면 즉시 그렇게 살기 시작하라.

정말 간단한 일이다. 은퇴하기를 거부한다면 어떻게 은퇴가 문제가 될 수 있겠는가? 다음의 말을 마치 주문처럼 외우는 것이 좋을 것이다. "나는 은퇴하지 않는다. 나는 은퇴가 야기한 문제에 해당되지 않는 사람이다. 나는 내 인생을 살아갈 것이다."

물론 은퇴를 파는 종말의 장사치들은 당신에게 그렇게 될 리 없다고 주장할 것이다. 그들은 은퇴를 하지 않는 것은 너무 바보 같은 일이라고 말하며 단기간에 부유해질 수 있는 무언가에 투자할 것을 요구할 것이다. 하지만 그들이 말하는 세상은 일어날 수 없다.

다음 크리스와 주디의 예는 사람들이 어떻게 그 과정에 사로잡히는지 자세히 보여준다.

크리스와 주디는 둘 다 직업이 있었지만 가정을 이루기로 결심하고

주디는 전업 주부가 되었다. 곧 그들에게는 두 명의 자녀가 생겼다. 얼마 지나지 않아 그들에게는 고민거리가 밀어닥쳤다. 그들이 미처 깨닫기 전에 교육비와 의료비는 물론 은퇴 후를 대비한 저축 비용이 급등한 것이다.

이런 딜레마가 또 어디 있을까. 한 사람의 수입으로 모든 비용을 어떻게 감당할 수 있단 말인가? 주디가 다시 생업 전선에 뛰어들어야만 할까? 얼마나 벌어야 충분한 것일까? 한 사람의 수입만으로 얼마나 저금해야 하는 걸까? 저축을 할 수는 있는 걸까?

바로 그 시점에서 그들은 우리의 조언을 받아들였다. 밑바닥에서 삶을 마감하는 것을 피하고 모든 딜레마에서 벗어나기 위해 그들의 어휘 체계에서 '은퇴'라는 단어를 삭제시켰다.

그 대신 크리스와 주디는 생활을 계속 유지하기 위해 일상 업무를 재편했다. 그들은 적극적으로 장기간 동안 종사할 수 있고 계속 일할 수 있는 직업을 찾아 나섰다. 진행 중인 장래 예상과 더불어 노동하는 삶을 발전시키는 데 중점을 두었다. 현재 그들은 저축액을 낭비하지도 않고 은퇴를 위한 투자도 고려하고 있지 않다.

크리스와 주디의 삶은 훨씬 더 수월해졌다. 그들은 고른 발걸음으로 천천히 걸을 수 있게 되었다. 그들은 이제 한숨 돌리고 예전처럼 몇 년에 한 번씩 차를 바꾸는 것이 아니라 새 차를 살 때가 됐다고 생각했을 때 차를 바꿀 것이다. 그들의 집은 이제 안락한 안식처가 되었다. 이는 재정적 선택이 아닌 철학적 선택이었다. 그들은 더 이상 더 크고 더 밝은 집을 찾아다니지 않는다. 새 집을 보러 다니며 소비했던 시간은 이제 이웃들을 알아가는 데 할애하고 있다. 그들이 속한 공동체에서 두 사람은 절대적으로 필요한 존재가 되었다. 그들의 삶은 더욱더 윤택해졌으며 더 이상 미래를 두려워하지 않게 되었다.

아직까지 크리스와 주디가 자신들의 삶이 어떻게 될지 꼼꼼하게 결정하지 않았기 때문에 이 사례가 해피엔딩이라고 말할 수는 없다. 그들이 어떤 결정을 내리든 간에 그들은 없어서는 안 될 필요한 부분을 채울 수 있는 길을 택할 것이다. 그들은 은퇴를 할 의도가 전혀 없기 때문이다. 부부는 삶을 되찾았고 남은 일생을 즐기면서 보낼 것이다. 갈림길에 서서 왼쪽으로 갈 것인지 오른쪽으로 갈 것인지 선택의 기로에 섰지만 직관에 귀를 기울여 결심한 결과다.

모든 복잡한 일 안에는 간단함이 숨어 있다

의심이 든다면 그것이 무엇인지 알아봐라. 바로 앞에 놓여 있는 장애물에 대해 경고하는 것이다. 잠재의식이 문제점을 인지했고 당신에게 경고의 메시지를 던지려고 한다. 이 시점에서 이는 '경고가 곁들어진 진행'에 관한 것이 아니라 '개인의 위험 시점에서 진행'되는 것에 관한 것임을 다시 짚고 넘어가자.

간결하고 직접적인 방법이 항상 최고인 경향이 있다. '고르디오스의 매듭'보다 더 좋은 예는 없을 것이다. 기원전 333년에 위대한 전사 알렉산더 대왕은 군대를 이끌고 아시아 정벌에 나섰다. 프리지아의 고르디오스 시 성문에 도착하자마자 알렉산더 대왕은 고대 도시를 창건한 사람이 한때 소유했던 마차로 그를 따르는 지역 주민들에게 환영을 받았다. 마차는 끝이 보이지 않는 복잡한 터키식 매듭으로 장대에 묶여 있었다. 속으로 촘촘하게 짜인 수백 개의 실로 만들어진 매듭은 뚫고 들어갈 수 없이 단단히 묶여 있었다. 고르디오스의 매듭을 푸는 사람이 아시아를 지배하게 될 것이라는 전설이 있었다.

알렉산더 대왕은 꼬여 있는 매듭을 애타는 마음으로 뚫어지게 바라보았다. 그리고는 칼을 꺼내어 한 차례의 재빠른 칼놀림으로 절대 풀어질 것 같지 않았던 매듭을 두 동강으로 만들었다. 실제로 아시아를 정복하고 통합한 남자가 한 단호한 행동이었다.

이 이야기의 교훈은 무엇인가? 문제에 너무 얽매이지 말라는 것이다. 대담해지라! 모든 복잡한 일 안에는 간단함이 숨어 있다. 복잡해 보이는 은퇴의 문제에 대한 해결책은 매우 간단하다. 그것은 바로 은퇴를 하지 않는 것이다. 이 문제를 단호한 행동으로 해결 가능한 복잡한 문제라고 생각하라. 일단 은퇴의 톱니바퀴에서 빠져나오면 애초부터 왜 그런 길을 택했는지 궁금해질 것이다. 정부와 개개인이 여전히 고르디오스의 일화에서처럼 커다란 매듭을 풀기 위해 낑낑거리는 것을 보며 혼자 쓴웃음을 짓게 될 것이다.

나이는 일을 하는 것과 관계가 없다

메시지는 퍼져 가고 있고 사람들은 직접적인 행동을 취하고 있다. 영국에는 고령의 노동력을 적극적으로 고용하고 장려하는 슈퍼마켓이 있다. 그곳은 젊은 사람을 고용한 가게들보다 훨씬 유명하고 수익률도 뛰어나다. 50세 이상인 사람들은 더 활기차고 겸손한 반면 휴가도 덜 쓰고 물건을 슬쩍하는 일도 드물다. 이 모든 요소가 훨씬 더 좋은 쇼핑 환경과 수익 향상을 도모한 것이다.

이런 실험은 1989년에 영국 거대 DIY 용품 체인점인 'B&Q'에서 직원 교체에 드는 높은 비용을 해결하기 위해 처음 시작되었다. 그들은 메이클즈 필드에 가게를 열면서 50세 이상만 직원으로 채용했다. 그 결과는 몹시 놀라웠다. 6개월 동안 이익은 영국 내 동일 업종 평균치를 웃도는 18% 신장했으며 직원의 이직율은 6배 낮아졌고 결근율은 39%로 대폭 낮아졌다. 그중에서도 제일 큰 성과는 고객들이 고객 서비스가 향상되었다고 느낀다는 것이었다.

17만 명이 종사하는 슈퍼마켓 체인인 '세인스베리스'가 이 실험을 직접 적용했다. 그들은 신중히 고령의 직원을 선택했고 성공을 거두었다. 그들은 연금 지급 계획 대상자를 75세로 상향 조정했다.

영국에만 6개의 지사가 있는 유럽에서 세 번째로 큰 포장회사인 '카파'도 같은 길을 걸었다. 직원 중 1/3이 50세 이상이며 75% 이상이 40세 이상이다. 평균 고용 기간은 놀랍게도 15년이다. 카파 포장회사는 공개적으로 '우리의 계속적인 수익성과 성공은 고령인 직원들의 헌신과 충성, 생산성이 만들어낸 것이다'라고 표명했다.

실험 차 시작한 시도는 굉장히 성공적이었다. 점점 더 많은 주요 기업들이 이를 따르기 시작했다. 영국의 고령화 위원회에 의하면 이제 이 사례를 성공적으로 접수한 기업이 80개가 넘는다고 한다.

그렇다면 젊은 사람들은 어떻게 해야 하나? 그들의 일자리는? 활달하고 겸손하며 휴가를 덜 쓰고 물건을 슬쩍 하지 않는 일은 고령의 노동자들만의 전매특허가 아니다. 상대적으로 나이가 어린 사람들도 더 열심히 노력할 수 있다. 그들도 경쟁력을 갖출 수 있다. 도대체 언제부터 젊음이 나이 든 사람들과 비교해서 우위를 차지할 수 있는 경쟁력이 되었는가?

필자들의 말을 오해하지 말라. 지금 직업이 나이에 따라 결정되어야 한다는 말을 하는 것이 아니다. 오히려 반대의 이야기를 하고 있는 것이다. 나이는 일을 하는 것과 관계가 없는 요소다. 당신은 나이에 상관없이 경쟁력을 갖출 수 있다. 당신이 해야 할 일은 제 시간에 출근을 하겠다는 결단을 내리는 것이다. 하기 어려운 일이 아니다. 그렇지 않은가?

당신에게는 선택권이 있다. 그냥 앉아서 아무 일도 하지 않아도 누군가가 당신을 돌봐주리라는 희망에 사로잡혀 살아갈 수 있다. 반대로 자신의 삶에 책임을 지고 삶을 다시 자신의 손바닥에 올려놓은 채 인간관계와 건강 등 모든 것의 균형을 유지하면서 유용하고 충만한 삶을 살아갈 수도 있다.

내일을 위해서 이 현명한 말을 곰곰이 생각해보라.

"오늘을 잘 보내면 내일 일은 알아서 다 잘될 것이다."

- 당신이 해야 할 일은 몸매와 건강을 유지하는 것이다.

- 즐거움과 그에 합당한 보상을 위해 일을 하라.

- 은퇴라는 문제점의 일부가 되기를 거부하라.

- 나이는 일을 하는 것과 관계가 없는 요소이다.

Part 6

자신의 삶과 존재에 대해 책임을 되찾아라

은퇴의 가장 심란한 문제 중 하나는 나이가 들면서 우리에게 필요한 사회의 기대가 줄어든다는 점이다. 이것이 사실일까? 우리는 왜 이런 말도 안 되는 이야기를 받아들일 정도로 어리석은가? 우리는 그에 대한 대답을 감정적으로 강요당했고 사고 과정을 점령당했다. 은퇴로 삶을 서서히 끝내는 것이 자연스럽고 이로운 일이며 심지어 자신이 할 수 있는 최선의 일이라고 믿도록 교육받았기 때문이다. 이는 우리가 할 수 있는 최선인가 아니면 그것이 최선이라고 생각하는 제도를 위한 선택인가?

자신의 직관에 귀를 기울여라

일터에서 잠행성 은퇴 바이러스가 우리에게 침투했다. 좋은 소식은 당신에게 직관이라는 훌륭한 바이러스 퇴치 프로그램이 구축되어 있다는 것이다. 당신이 해야 할 일은 자신의 직관에 모든 것을 맡기고 은퇴가 당신의 삶 그 어디에도 자리 잡을 수 없도록 신속하게 퇴치하는 것이다.

지금은 중대한 순간이다. 자신의 직관에 귀를 기울여 행동으로 옮겨라. 이 과정을 우리 시대 최고의 지성인 중 한 명인 심리학자 다니엘 골만보다 더 잘 알고 있는 사람은 없다. 다니엘 골만은 감정의 뇌 혹은 직관의 뇌가 나머지 뇌 부분을 제어하는 능력이 뛰어나며 그 결과, 사고와 행동에 영향을 미칠 뿐만 아니라 명령을 내린다는 것을 과학적으로 증명했다.

우리의 뇌가 주요한 힘에 의해 움직이고 핵심부에 깊이 파묻혀서 '도마뱀'이나 '파충류'의 뇌로 미화된 수준밖에 되지 않는다니 정말 놀라운 일이다. 우리의 유전적 성질, 생존을 위한 청사진이 바로 이렇다. 우리의 본질 자체를 지시하는 존재의 정수가 착상의 순간에서부터 '제어를 주관하는 중심부'의 활동에 영향을 받는다.

이 '제어를 주관하는 중심부'는 절대로 당신에게 은퇴를 하라고 말하지 않는다. 오히려 그 반대로 살아남으라고 지시한다. 생존하라. 그 어떤 일이 있더라도.

어쨌든 우리의 파충류 뇌는 재설정되었다. 우리에게 내재되어 있는 '도마뱀 수준'의 뇌는 은퇴라는 엄청나게 잘못된 생각에 감염되었다. 이런 곤경에 빠진 우리가 알고 있는 대부분의 사람은 '계속 커져만 가는 법칙'을 받아들일 것이다. 쓸모없이 계속 커져만 가는 성질은 암세포의 주요 성질이기도 하다.

이제 우리는 은퇴에 관한 정치적인 요소나 불충분한 제도를 받아들이도록 운명지어졌다. 약속의 땅은 없다. 모두 착각일 뿐이다. 이에 대해 당신이 할 수 있는 일은 무엇인가? 한 가지는 분명하다. 어떤 형태의 정부든 상황에 개입할 정부를 기다리는 것은 완전히 시간 낭비라는 것. 정치인들은 사람들이 전혀 생각하고 있지도 않았던 문제를 풀겠다는 공약으로는 표를 받을 수 없다. 사람들에게 어떤 문제점이 존재하는지도 모르는데 문제를 풀겠다며 표를 호소할 수는 없는 노릇이다.

두려움은 안전함의 그림자이다

두려움과 안전함은 동시에 나타난다. 두려움은 엄청난 표 차이로 안전함을 이길 수 있다고 당신에게 속삭이며 안전함보다 더 직접적이고 강제적으로 다가온다.

교도소를 한번 살펴보자. 교도소는 차고 넘쳐나는데 정치인들의 공약은 무엇이었는가? 바로 좀 더 많은 교도소를 짓는 것이었다. 시민을 보호하는 것과 더 많은 교도소를 건설하는 비용을 비교했더라면 선거에서 표를 얻지 못했을 것이다. 그러니 더 많은 교도소를 건설하는 것이 공약이 될 수밖에. 이런 비용 상승이 뻔히 보이는 명백한 문제에 대해 정치인들은 답을 하지 않을 것이다.

영국의 최고 법관인 수석 재판관 필립 경은 영국의 형법 제도가 교도소를 많은 사람으로 과하게 붐비게 했다는 점을 인정했다.

"교도소는 경범죄자들을 위한 곳이 아니다. 형벌은 중요하지만 불쾌함의 근본적인 원인에 부딪쳐서는 안 된다."

필자들은 필립 경의 메시지가 표심에 굶주린 정치인들에게 잘 전달되기를 바란다. 우리를 은퇴 후 보금자리에 모두 가둬버리기를 원하는 정치인들도 그들과 같은 부류이다. 두 부류의 경우 모두 연금 제도가 실패했으며 지불 능력이 없다는 사실을 알고 있다. 그러나 그들은 계속해서 그런 시스템들을 훌륭하고 바람직한 생각이라며 팔아먹고 있다. 우리는 도살장에 따라 들어가는 양처럼 그들을 따르고 있다.

양들이 도살되는 도살장에서 사람들은 잘 훈련된 '유다' 양을 사용한다. 놀란 동물들은 위험이 앞에 도사리고 있는 것을 알고 있으며 종말이 임박했음을 감지한다. 그러나 맹목적으로 유다 양을 따라 도살장 들판으로 릴레이를 시작한다. 말할 나위도 없이 유다 양은 아슬아슬한 때에 안전한 곳으로 끌어당겨진다.

은퇴라는 개념을 아무 생각 없이 따라가는 것은 당신만의 유다 양을 쫓아가는 것과 다를 바 없다. 괜찮을 거라고 생각하면서 서로 꼭 붙어서 리더를 따르는 양 무리와 은퇴라는 우리에 느릿느릿 걸어 들어가면서 소리 없이 기도하는 인간들과 다른 점이 무엇인가?

맹목적으로 수용한 결정적인 행동으로 인해 최후의 퇴직 파티를 가진 후에 사람들에게 잊힌 상태로 사라져 갈 것이 분명하다. 바로 그거다. 동료들이 돌아가면서 작별 인사를 하는 퇴직 파티 말이다. 사람들이 당신의 장례식에서 무슨 말을 할지 알고 싶다면 당신의 퇴직 파티를 휙 하고 둘러보면 된다. 활기가 넘치는 모든 사람이 당신이 퇴직 파티 선물을 움켜쥐고 비틀거리며 집에 가기를 기다릴 것이다. 늙고 불쌍한 놈이 집에 가야지만 자기들끼리 진짜 파티를 시작할 수 있기 때문이다.

은퇴 바이러스 같은 허튼소리는 이제 그만하자

은퇴를 대신할 수 있는 것은 자신의 운명을 제어하고 삶에 책임을 지면서 삶을 지속하는 것이다. 당신도 할 수 있다. 낸시의 경우를 살펴보자.

낸시는 돈을 받는 일에서도, 돈을 받지 않은 일에서도, 심지어는 삶 그 자체에서 퇴출당할까봐 괴로워했다. 이제 낸시의 나이는 80세이다. 낸시는 조정자와 중개인으로서 능수능란하게 일을 계속할 수 있었는데도 무료 법률 일을 하기를 원했다. 뿐만 아니라 낸시는 방문자들이 오는 뉴욕의 가장 바쁜 중심지 중 한 곳에서 자신보다 불우한 사람들에게 급식을 배달해 주면서 '인사하는 할머니'로서 시간을 할애하고 있다. 여가에는 그녀의 가족 중 한 명이 병으로 힘들어 했을 때 많은 도움을 줬던 기관에 무엇인가 보답을 하기 위해 알츠하이머 재단의 연설가가 되기 위한 훈련을 받고 있다. 여기에서 한 가지 질문을 하겠다. 낸시는 은퇴를 했을까?

낸시는 자신이 은퇴를 했다고 생각하지 않는다. 그녀에게는 매일 아침 일어나야 할 이유가 있었다. 새로운 날이 시작되는 것을 그녀는 너무나도 기다렸다. 새로운 도전과 문제점보다 더 중요한 것은 새로운 사람들을 만나고 새로운 생각과 문화, 가치에 노출될 기회로 가득 찬 날을 가만히 앉아 기다릴 수 없다는 점이다. 도전을 던져 주기도 하고 그녀를 매혹시키기도 하는 나날이다. 그 결과 낸시는 끊임없이 성장하는 과정과 절대 싫증나지 않는 배움의 과정을 경험하고 있으며 늘 기대에 목말라 있다.

물론 낸시에게도 좋지 않은 때가 있었다. 그 모든 과정을 겪으면서 낸시는 친구 중 몇 명이 포착하기 힘들 정도로 미묘하게 변해가는 것을 느끼기 시작했다. 엄연히 말하자면 그녀는 친구들이 변하지 않는다는 것을 알아차렸다. 친구들은 성장하는 것을 포기하고 뒤처진 채로 남겨진 것 같았다. 절대로 의도적인 게 아니었다. 낸시는 어느 날 아침에 일어나 문득 친구들에게 무슨 일이 일어났는지 궁금해졌다. 친구들이 '은퇴' 모드에 빠져 있는 반면, 낸시는 계속해서 삶을 살아나갔다. 그리고 새로운 친구들을 만들었다. 낸시는 옛 친구들을 잃은 것을 많이 후회했지만 친구들을 정말 잃은 것이 아니라 자신이 더 이상 머물지 않기를 원하는 시간과 장소에 그들이 빠져 있다는 점을 깨달았다.

낸시는 자신이 앞으로 나아가지 않았다면 그녀 자신도 그곳에서 허우적대고 있을 것이라는 걸 알고 있기 때문에 옛 친구들을 잃는 것은 당연한 손실이라 생각했다. 미래 없이 과거에만 빠져 있는 것은 낸시에게 있을 수 없는 일이었다.

낸시만 이런 삶을 추구하는 게 아니다.

존은 지붕에서 떨어져 신체의 뼈 절반이 부러졌다. 그 당시 그의 나이는 50대 후반이었다. 의사들은 고개를 절레절레 저으며 존에게 평생 휠체어를 타야 한다고 말했다. 존은 자신의 운명을 받아들이고 조기 퇴직을 해야만 했다.

하지만 존에게 '은퇴'라는 것은 없었다. 그는 매일 아침 아픈 몸을 이끌고 엄격한 운동 스케줄을 지키기 위해 동네 수영장을 찾았다. 매일 오후에는 헬스장에서 허리와 복부, 약해진 다리를 강화시키기 위해 운동 기구로 운동을 하는 존을 볼 수 있었다. 의사들이 틀렸음을 증명하는 데 8개월이라는 시간이 걸렸다. 얼마의 시간이 흐르고 존은 테이크아웃 식당을 열기 위해 집을 담보로 대출을 받았다. 자기 자신이 아니라 가장으로서 병상에서 일어나 자신의 상황을 받아들이기로 결심한 것이다.

존의 사업은 인기가 좋았고 곧 2호점까지 열게 되었다. 그렇게 존이 70세 생일을 맞을 때까지 사업은 계속해서 발전했다. 존과 그의 아내는 축하의 의미로 크루즈 세계 여행을 떠났다.

부부는 아직도 지하실에 휠체어를 가지고 있다. 만약 절망감에 빠져 노력하지 않았다면 지금과 같은 삶을 살지 못했을 것이라는 것을 상기시키기 위함이었다. 휠체어는 항상 그들에게 힘을 실어주었다.

은퇴하지 말라. 유다 같은 양 무리와 당신을 붙드는 동물 우리에서 멀리 떨어져라.

우리는 일을 계속해야만 지속적으로 삶을 꾸릴 수 있다는 것을 깨달아야 한다. 고정된 자산에서 창출되는 수입에 의존하거나 가진 것에 비해 더 오래 버틸 수 있다고 말하는 건 집어치우자. 그렇게 살아가는 상상을 하다니! 그런데 사람들은 그렇게 살아가고 있다. 제발 당신은 그런 사람 중 한 사람이 되지 말라. 다른 사람들이 조언을 해준다며 어떻게 떠들어대든지 결정을 내리는 것은 바로 당신 자신임을 잊지 말라.

다른 사람들의 손에 놀아나는 노예 상태에서 벗어나 우리는 자신의 삶에 책임을 져야 한다. 우리가 변화하도록 허락하는 사람은 누구인가? 바로 우리 자신이다.

이것이 바로 은퇴의 저주를 푸는 방법이다. 자신의 삶과 존재에 대한 책임을 되찾아라. 도대체 왜 은퇴를 생각하고 있는지 자문해보라. 60세나 65세에 은퇴해야 되는 이유가 무엇인가?

- **그렇게 해야만 하기 때문인가?**
- **다른 사람이 그렇게 해야만 한다고 하기 때문인가?**
- **아니면 이미 끝난 이야기이기 때문인가?**

이 가운데에 정답은 없다. 궁색한 변명만 있을 뿐이다.

당신은 삶을 재정비하고 일하던 방법을 바꿔야 할지도 모른다. 하지만 은퇴를 해야만 하는 이유는 이 세상에 존재하지 않는다.

우리는 삶을 붙잡아야만 한다. 당신의 삶에 일어날 일을 미리 결정하는 힘을 가져야 하는 유일한 사람은 바로 당신이다. 우리는 오직 직관력의 토대를 다잡고 그 순간부터 자신의 삶에 대한 책임을 되찾기만 하면 된다.

이러한 것이 이기적이라고 생각하는가? 그렇다고 생각할 수도 있다. 하지만 직관에 신경을 집중하는 완전한 이유가 바로 그것이다. 마법처럼 언제든지 통할 것이다. 한번 시도해봐라.

긍정적인 경고로서 품을 수 있는 그 어떤 의심에도 다 부딪쳐보라. 변화가 생길 때면 자신도 모르게 주춤한다는 것을 알아차렸을지도 모른다. 의심이 하는 일이 그렇다. 의심은 상황에 대해 생각해볼 시간을 주고 당신에게 최선의 반응이 무엇일지 결정하게 하는 느린 매커니즘을 만들어낸다.

여전히 불편하다고 느낀다면 또 하나의 유용한 방법은 아무 일도 하지 않는 것이다. 무엇을 할지 몰라서가 아니라 적극적으로 아무것도 하지 않는 것이 종종 훌륭한 선택이기도 하다. 아무것도 하지 않으면서 당신에게 최선이 무엇인지 탐색하는 동안 시간을 벌 수 있다. 예를 들어 누군가가 당신에게 은퇴를 한 후에 '해피 오크 레스트 홈'으로 거처를 옮겨야만 한다고 말한다면 당신은 그것이 옳지 않다고 느낄 것이다. 장점이나 단점에 대해서 언변을 펼치지 말고 아무 일도 없었다는 듯이 덤덤하게 계속 나아가라. 왜 자신에게 시간의 굴레를 씌우는가? 해피 오크 레스트 홈은 어디로 도망가지 않는다. 오히려 그곳이 당신을 필요로 할 것이다. 당신에게 생각할 시간을 줬으니 필자들은 당신의 대답이 '당연히 아니다'이기를 간절히 바란다.

브렌트의 사례를 살펴보자.

브렌트는 한 학교의 존경받는 교장 선생님이다. 은퇴 문제가 서서히 수면 위로 떠올랐고 학교는 작별 파티를 준비하느라 분주했다. 졸업생들은 성공적인 삶을 살고 있는 자신들에게 지대한 영향을 끼친 브렌트를 위해 경의를 표했다. 주위 사람들이 보기에 어느 정도의 나이가 된 브렌트의 은퇴는 당연한 것이었다. 사랑과 존경을 받는 공동체에서 은퇴하는 것만큼 더 바랄 것이 있겠는가?

하지만 브렌트가 원하는 것은 계속해서 활동적인 인생을 사는 것이었다. 브렌트는 퇴직자 전용 아파트에서 자신의 인생이 시들어가는 것을 바라지 않았다. 브렌트는 자아 찾기를 원하는 학생들을 위한 학교를 설립했다.

브렌트는 자신의 경력을 끝내기 위해 미리 결정된 선고를 받아들였는가? 그는 그렇게 하지 않았다. 당신도 그래서는 안 된다. 만약 브렌트가 은퇴를 받아들였다면 수많은 학생은 브렌트가 제공하는 공간에서 삶을 풍요롭게 만들 수 있는 경험을 하지 못했을 것이다. 브렌트는 정답을 쥐고 있었다. 자신만의 결정을 내려라. 은퇴 바이러스 같은 허튼소리는 이제 그만하자.

- 쓸모없이 계속 커져만 가는 성질은 암세포의 주요 성격이다.

- 의심이 들 때는 기다려라. 자신의 직관에 귀를 기울여라.

- 남은 인생을 스스로 책임져라.

- 삶을 재정비하고 일을 하는 것은 멈추지 말라.

Part 7

은퇴 바이러스 같은 허튼소리

앞 장에서 우리는 이성적이고 직관력 있는 생각에 대해 다루면서 이런 생각이 의사결정 과정에서 결정적인 역할을 하며 어떻게 은퇴에 대한 우리의 생각에 영향을 미치는지에 대해 이야기했다. 이제 그 이상의 것에 대해 이야기할 때다.

직관적인 우뇌와 이성적인 좌뇌

뇌가 직관적인 우뇌와 이성적인 좌뇌로 크게 나뉘어 있다고 머릿속에 그려보라. 우뇌 혹은 직관적인 뇌는 개인적인 생존을 위해 돌아간다.

'살면서 생존하기 위해 필요한 일이라면 뭐든지 하라.'

이것은 무엇이 당신에게 옳고 그른지를 판단하게 위해 돌아가는 직관적인 뇌가 보내는 메시지다. 이미 설명했듯 우리의 우뇌는 이따금 인간 진화 초기 단계에 존재했던 '도마뱀 수준'이나 '파충류 수준'으로 치부되기도 한다. 우뇌는 바로 당신만의 안티 바이러스 프로그램이 살아 숨 쉬는 곳이다.

좌뇌는 이성적인 문제, 흑백논리와 관련되어 있으며 외부의 영향을 받기가 굉장히 쉽다. 우리는 좌뇌를 통해 사회의 필수적인 구조를 받아들인다. 은퇴와 같은 사회 구조 등을 말이다. 은퇴 바이러스는 우리 자신의 생존뿐만 아니라 사회의 존폐 여부에 이르기까지 반드시 필요한 것이라고 교묘하게 위장되어 머릿속에 깊게 박혀 있다. 앞서 말했듯 우리 모두는 은퇴가 이성적이고 정당한 기대라고 믿도록 교육받아 왔다.

뇌의 직관적인 부분은 우리의 유기적인 기능과 감정을 제어하고 EQ(감정지수)가 파생하는 곳이다. 이에 반해 IQ(지성지수)는 이성적인 뇌에서 나온다. 이로 인해 본질(우뇌) 대 교육(좌뇌), 혹은 EQ와 IQ의 분쟁이 일어난다.

2005년에 '사과 탄원이 거절되면서 위기의 골이 깊어짐'이라는 머리기사가 전 세계를 장식한 적이 있다. 강력한 이웃끼리 전시체제에 들어갔다는 보고가 들려오면서 중국과 일본의 관계는 지난 수십 년을 통틀어 최악이었다. 두 국가는 서로 '각자의 과거사를 운운하고 있다'라는 비난을 했다.

국제적인 반응은 주식시장에서 1,780억 달러 하락으로 대변되었다. 이유가 무엇일까? 어떤 것이 초강대국인 두 국가를 전쟁 발발 직전으로 몰고

갔는가? 다량의 미개발 기름과 관련된 문제였나? 아시아 내의 전략적인 군림과 관련된 문제였을까? 혹시 스파이 문제인가? 겉으로 보기에는 중요한 문제가 없었다. 세계는 논쟁의 여지가 있는 신사 참배로 야기된 감정 문제 때문에 풍전등화 상태였다.

당시 일본 수상인 고이즈미 준이치로는 전범들이 안치되어 있는 야스쿠니 신사 참배를 했고 이 사건은 아직도 제2차 세계대전의 쓰라린 기억이 남아 있는 중국에 주요 외교 사건을 만들었다. 중국 입장에서 보면 일본의 침략은 아시아 태평양 지역에서 수천만 명의 목숨을 앗아갔으며 1조 달러 이상의 경제 손실을 입힌 사건이다.

독일이 대량 학살된 유태인들의 넋을 위로하기 위해 기념물을 세운 반면 일본은 전범들을 교수형에 처한 후에 250만 명의 전사와 함께 그들을 매장했다. 그런 곳을 수상이 방문한 것이다.

중국과 일본은 심각하게 사이가 좋지 않았다. 중국 대사는 그러한 상황을 '상한 감정'이라고 표현했다. 이 모든 문제는 중국인들에게 있어 신사 참배는 굉장히 감정적이고 고통스러운 문제라는 점을 일본인들이 전혀 신경을 쓰지 않았다는 데 있었다. 일본인들에게 신사 참배는 공식 행사였으며 그보다 더 심한 것은 신사에 경의를 표했다는 것이었다. 일본 전범들은 셀 수 없을 정도로 많은 중국인을 죽인 끔찍하고 용서할 수 없는 범죄의 주인공들이었다.

중국인들은 우뇌가 지시하는 것에 의해 격분했다. 어떤 것이 엄연히 합법적일지에 대한 판단에 의함이 아닌 공평과 정의에 관한 강렬한 감정에 의해 격분한 것이었다. 이 관점에서 본다면 일본 수상의 신사참배는 매우 부당한 사건이었다. 일본 수상은 어쩜 그렇게 무딜 수가 있을까? 어떻게 공식적으로 살인자들에게 존경을 표할 수 있는 것일까?

사람들이 두려움과 슬픔에 관해 논할 때면 완전히 다른 사고 과정과 언어를 사용한다. 무슨 일이 일어났는지는 신경쓰지 않고 내적인 감정에 따라 중요한 변화가 일어난다.

그렇다면 우리에게 왜 감정 지능이 필요한 것일까? 뇌가 '도마뱀 수준'으로 하락하는 과정에 관한 명확한 과학적 증거가 있다. 감정적인 반응은 뇌의 다른 부분에서 무슨 일이 일어나고 있는지를 충분히 이해하며 심지어는 사고 과정이 진행되기도 전에 유발될 수 있다.

직관 혹은 우리 감정의 전달자가 가슴이 아닌 머릿속에 있다는 것 역시 아무 소용이 없다. 그곳은 바로 공공연한 오칭으로 인해 혼동이 야기되는 장소이다. 더 정확하게 말하자면 대부분의 사람이 '감정 지능'이라고 부르는 것은 감정과 추론의 결합인 '직관 지능'이다.

상대성 이론을 발견한 알버트 아인슈타인은 이런 글을 남겼다.

'직관적인 능력은 신성한 선물이며 이성적인 능력은 충실한 종이다. 그러나 우리는 선물이 잊히고 종을 숭배하는 시대에 살고 있다.'

한때 똑똑하지만 무명의 과학자였던 아인슈타인은 본능적인 혹은 직관적인 접근과 이성적인 접근 사이에 뚜렷한 차이점을 명백하게 구별했으며 각각의 목적과 가치에 관한 자신의 의견을 피력했다.

당신에게는 삶을 결정할 선택권이 있다

우리는 뇌가 즉각적으로 전반적인 분석을 하는 난관에 부딪쳤을 때 감정 혹은 직관에 기초해 결정을 하고 최종적으로 결정을 합리화하거나 정당화해야 한다. 이런 과정을 보면 우리의 감정은 모든 의사결정을 한다는 결론에 도달할 수 있다.

직관은 시력과 청력, 촉감, 후각, 미각에서 얻은 모든 정보를 순식간에 평가하면서 유전적인 요소와 경험에 기반을 두고 있다. 우뇌가 그림을 처리하고 좌뇌가 글자와 관련 있는 이유가 바로 이것이다. 직관이 없다면 좌뇌는 사고와 행동을 할 생각을 전혀 하지 않아 결국에는 생각 없이 말을 내뱉게 될 것이기 때문에 우리는 살아남을 수 없게 된다. 우리의 뇌는 1초에 약 400억만 개의 자극을 흡수하는 능력이 있고, 재빠르게 행동을 취하라는 압력에 발맞춰 단어를 재빠르게 배열할 수 있다. 어떠한 상황을 떠올려보고 당신이 처했던 상황에서 우리가 흔히 말하는 '생각하지 않고' 즉각적이고 본능적으로 반응해야만 했었던 때를 생각해보라. 당신의 뇌는 말이 아닌 감정에 의해 움직이는 행동으로 정보를 처리했을 것이다.

한 세계적인 인터넷 공급 회사는 한 달 동안 독점적인 통신 공급회사를 인계하기 위한 인수합병 등을 위해 기업체 실사 과정을 검토하는 30명의 최고 변호사를 고용했다. 그들이 해야 할 일은 모든 서류를 읽고 'E' 팩터를 지닌 중요한 자료에 빨간 표시를 하는 것이었다. 30명의 변호사 중 그 누구도 'E' 팩터에 대해 제대로 아는 사람이 없었다. 따라서 입찰 회사의 미국인 CEO가 변호사들을 계몽하기 위해 투입되었다.

그 CEO의 설명에 의하면 'E' 팩터는 서류를 검토할 때 변호사가 '세상에에에에에나(Jeeeeesus)'를 내뱉을 때 '에(e)'가 얼마나 여러 번 사용되었는지를 가르치는 것이었다. 사람들은 CEO의 의중을 알아차렸다. CEO는 변호사들의 법률적 지식이 아닌 그들 한 명 한 명에게 자신이 30년 동안 쌓아 올린 경험과 직관을 나눠주고 있었다.

다시 한 번 예를 들어보도록 하겠다. 그곳에 있던 변호사들에게 살인 사건 재판의 배심원 제도만큼 이를 잘 설명해줄 예도 없을 것이다. 12명의 배심원이 선정되고 배심원들은 사실을 받아들이고 분석하는 동안 자신들의 직관으로 형성된 경험에 비추어 피고인의 '의도'를 추측해서 중대한 결정을 내릴 것이다. 피고인의 의도에 따라 피고인의 석방과 과실치사죄, 살인죄 등이 결정된다. 이러한 동일한 일련 과정과 함께 사람의 '의도'는 결과를 도출해낸다.

그렇다면 어떻게 그리고 왜 이런 일이 생기는 걸까?

우리가 하는 '직관적인' 결정은 모두 안전에 관한 것이기 때문에 좌뇌는 우뇌에게 우리가 하려는 결정이 안전한 것임을 확신시키는 일을 태만하게 처리한다. 이는 주요 관심사가 기관의 안전인 단체나 기관에도 역시 적용된다. 그들은 우뇌의 기능을 대체하는 '규칙'을 만들어낸다. 이 점이 바로 대부분의 기관과 단체가 종종 자신들의 안전을 위한 비이성적인 공포에 의해 운영되고 있는 이유이다.

왜 이 점이 중요한가?

다음에 종교적 단체이든 상업적, 정치적 단체이든 당신이 뭔가 하기를 원하는 이유를 부르짖는 어떠한 단체를 접하게 되면 그들이 당신에게 뭔가 하기를 기대하는 것이 아닌 자신들의 이익을 위한 것임을 명심하라. 당신은 직관의 이익을 위해 자기 자신의 이익을 희생하기를 수도 없이 요구당한다. 좋은 게 좋은 것이 아닌가!

은퇴는 역사가 오래된 예다. 당신에게 제시되는 은퇴를 해야만 하는 이유에는 다음의 것들이 포함되어 있다.

- 당신은 은퇴할 나이가 되었다.
- 젊은 일손이 필요하다.
- 기술은 발달했지만 당신은 제자리에 머물러 있다.
- 당신의 자리를 기계로 대체할 수 있다.

이 모든 문장은 당신이 은퇴를 해야만 하는 이유에 대한 사회적으로 합당한 이유들이며 끊임없이 그 이유를 나열할 수 있다. 그러나 생존 본능 자체가 "안 돼! 포기하지 마!"라고 소리를 지르고 있다. 우리의 인생에 그 누구도 관여할 수 없음을 잊지 말라.

다른 사람들이 모두 그렇다고 하기 때문에 당신이 틀렸다고 생각할 수 있다. 다들 자신들이 옳다고 한목소리로 말하기 때문에 내가 틀렸다고 조심스레 생각할 수도 있다. 자신의 목소리에 귀를 기울여라. 자기 자신의 생존 본능과 직관을 따르라. 누구보다도 자기가 스스로에 대해 가장 잘 알고 있다. 마음에 새겨라. 당신에게는 직업을 변경할 수 있음은 물론이고 삶을 결정할 선택권이 있다.

이 전 과정에는 반어의 뒤틀림이 있다. 우뇌에 불쾌한 작용을 일으키는 '은퇴하는(retiring)'이라는 단어는 콜린스 사전에 '새로운 도구로 재설비하기'라는 의미를 지닌 'retool'이라는 단어 앞에 나온다. '오래된 것을 버리고 새로운 것을 갖추기' 은퇴의 개념은 사람은 재설비될 수 없다는 점을 믿지만 막상 매일매일 다양한 도전에 맞선 사람을 다른 사람으로 대체하는 것이 우리의 현실이다.

이는 기계는 대체될 수 있지만 사람은 교체가 불가능하다는 것을 보여준다. 놀랍게도 인간의 뇌는 1초에 400억만 개의 정보를 처리할 수 있다. 인간의 뇌는 변화를 위해 창조되었다는 말이다. 이를 마음 깊이 새겨라. 당신의 마음을 재정비하라. 목적지에 도착하지도 않았는데 열차가 멈추어선다고 해서 하차하지 말라. 이미 하차를 했다면 다시 올라타는 것을 심각하게 고민할 필요가 있다.

꾸준한 자가 경기에서 이긴다

운동선수보다 더 완벽한 예는 없을 것 같다. 경쟁적인 운동의 세계에서 운동선수들은 14세부터 19세까지 5년 동안 '주니어 운동선수' 시기를 지낸 후 20세 정도에서부터 35세 정도까지 15년 동안 '엘리트 운동선수' 시기를 보낸다. 그리고 나서 '마스터 운동선수'라는 자랑스러운 직함을 달고 힘이 다할 때까지 활동한다.

다양한 연령대의 마스터들이 펼치는 경기를 보고 사람들은 계속해서 즐거움을 얻는다. 심지어는 60대인 마스터들도 있다. 운동선수들의 전성기가 26세임에도 불구하고 선수의 27번째 생일이 지난 후 선수가 은퇴할 것이라고 기대하는 사람은 아무도 없다.

오히려 즐겁게 공적을 따라 움직이는 뉴스 매체를 거느린 자기 분야에서 스타급인 고령의 운동선수가 많다. 마스터들은 도전을 계속하기를 즐기며 자신이 경쟁을 계속해 나갈 수 있다는 것을 확인하기 위해 끊임없이 변화를 일삼는다. 그들은 토끼와 거북이처럼 현명하게 생각해야만 한다.

이솝의 현명한 우화를 기억하는가?

재빠른 토끼는 자신이 얼마나 빨리 달릴 수 있는지 으스대기 바빴다. 그 모습을 지켜보고 있던 거북이가 토끼에게 도전장을 던졌다. 토끼는 예상했던 바와 같이 빠른 발걸음을 선보였지만 상대방을 놀리기 위해 멈춰 섰고 급기야 휴식을 취하기 위해 자리를 잡았다가 잠에 빠져들게 되었다. 속도는 느리지만 성실했던 거북이는 잠자는 토끼를 지나 결승점에 다다를 때까지 엉금엉금 최선을 다해 기어갔다. 잠에서 깨어나 깜짝 놀란 토끼는 자신보다 느리지만 끈기 있는 상대에게 졌다는 것을 발견했다.

유명한 이 동화에는 많은 교훈이 담겨 있다. 그중 가장 이로운 교훈은 '꾸준한 자가 경기에서 이긴다'는 것에 있다.

물론 토끼는 전속력으로 내달려 거북이를 엄청난 거리 차이로 이길 수 있었다. 그러나 거북이는 자신에게 맞는 걸음걸이를 택해 결승점에 들어올 수 있었다. 정말이지 바른 태도가 아닐 수 없다.

거북이는 인생이라는 경기에서 은퇴 없이 꾸준히 자기 할 일을 했던 것이다. 당신도 은퇴할 필요가 없다.

- 직관의 힘을 간과하지 말라. 그것은 중요한 힘이다.

- 직관력은 재능이고 이성적인 생각은 충실한 하인이다.

- 인생을 통해 얻은 경험과 직관의 조화는 가치가 있다.

- 멈춰 서지 말고 변화하며 자신만의 속도로 나아가라.

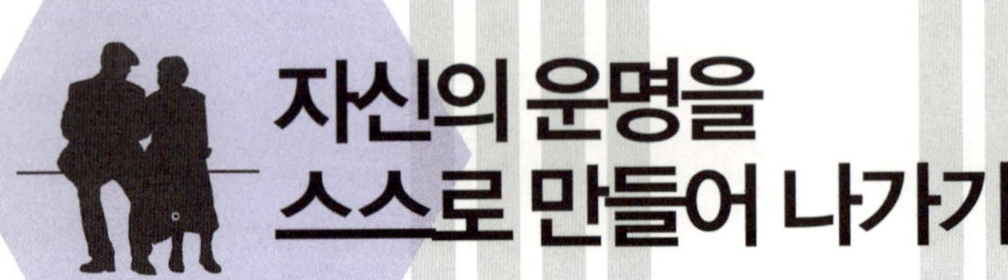

Part 8

자신의 운명을
스스로 만들어 나가기

우리는 은퇴가 아니라 생존하도록 태어났다. 만약 은퇴를 하게 되더라도 우리의 운명을 제어하고 즐겁게 살면서 삶을 돌려받는 것은 가능하다.

생존이 전부다

은퇴는 우리의 운명이 아니다. 우리는 스스로의 미래를 설계하기 위해 은퇴라는 선택권을 가지고 있다. 우리가 해야 할 일은 목표를 설정하여 꿈을 현실로 만드는 작업이다. 간단하게 시작하라. 위시리스트에 계획표를 작성하기만 하면 된다. 그게 전부다.

포기할 마음은 모두 저 옆으로 밀어놓고 은퇴 시대가 다가올 때까지 정책이 시행하는 대로 따라가지 않을 것이라고 다짐하라. 우리는 이 세상에 살아남아야겠다는 생각 외에는 아무것도 가지지 않은 채 벌거벗고 태어났다. 지금 이 책을 읽고 있다면 생존 본능이란 개인적 인간관계에 이르기까지 일생을 성공적으로 일궈낸 원동력이라는 것을 알아야 한다. 생존이 전부다. 인간은 타고난 생존 본능을 바탕으로 더 많은 기술을 습득하고 훈련을 받으며 발전한다.

그렇다면 어찌하여 당신은 괴상한 개념을 따라 생산적인 삶을 그만두고 인생의 종지부를 찍을 날을 준비하기 위해 모든 노력을 쏟아붓는 것인가? 말도 안 되는 일이다. 우리가 이 세상에 태어나 해야 할 일은 살아남는 것이며 살기 위해 계속 투쟁하는 것이다.

물론 사람은 언젠가 죽음을 맞이한다. 어느 누구도 예외는 아니다. 그러나 천국은 예정된 시간이 다가오기 전까지 당신을 부르지 않는다. 한 가지 예를 들어보도록 하겠다. 다음에 등장할 폴은 매우 훌륭한 의사였고 우리의 은퇴 메시지가 잘 적용된 살아 있는 예이다.

의사인 폴은 몇 해 전까지만 해도 상당히 초췌한 모습이었다. 어깨는 구부정했고 눈은 한 발자국 다가가서 봐도 초점이 흐릿한 상태였다. 피부는 오래된 양피지처럼 핏기가 없었다. 마치 폴의 몸 안에서 생명이 빠져나가고 있는 듯한 느낌이었다. 폴은 누군가의 도움이 절실해 보였다. 그는 마침내 자신의 삶이 겉으로 보이는 것만큼 멋지지 않다는 사실을 받아들였다. 한때 활력이 넘쳤던 그는 은퇴에 대해 이야기하고 있다. 그는 왕성한 진료 활동을 접고 은퇴에 임박한 가정의 1/3 중 한 명이 되기 직전이었다. 불길한 징조가 사방에 널려 있었다. 국가는 심각한 의사 부족 문제를 겪고 있었다. 일을 그만두려는 의사들 중 절반 이상이 인생의 전성기라고 할 수 있는 31세부터 50세까지의 사람들이었다.

은퇴를 계획하고 있는 의사들은 일주일에 60시간을 일해야 하는 긴 근무시간에 불만을 품고 있었고 은퇴를 염두에 두지 않고 있는 다른 의사들은 정부에서 운영하는 안전한 직장을 찾고 있는 상황이었다. 개인 병원을 소유하는 것은 더 이상 매력적인 일이 아니었다. 하지만 폴은 개인 병원을 운영하고 있었다.

그래서 우리는 폴과 대화를 나누었다. 우리는 그에게 '은퇴'는 꿈꾸는 결말이 아닌 악몽에 가까운 부자연스러운 일이라고 말해주었다. 우리는 폴이 은퇴 대신에 일을 아예 그만두기 원하는지, 사업을 확장하지 않은 이유는 무엇인지 자문하게 했다.

그렇게 함으로써 폴은 은퇴를 하겠다는 자신의 계획을 접었다. 폴은 몇 명의 젊은 의사와 서류 작업을 할 업무 담당자를 고용했다. 그러자 폴에게는 시간적 여유가 생겼다. 폴은 휴식을 취하며 좀 더 느긋하게 진료를 볼 수 있었다.

우리는 계속해서 폴에게 그가 일궈낸 성공과 진료를 향해 한때 품었던 열정을 상기시켰다. 그것이 전부 어디로 가버렸는지, 그의 DNA에 어떤 요소가 결핍되었기에 인류가 선천적으로 타고난 인생을 포기하지 않는 생존 본능을 저버리고 도망가기를 꾀했는지에 대해 물었다.

우리는 그의 관심을 얻었다는 것을 감지하고 우리가 제일 즐겨 묻는 질문을 했다. "당신이 알고 있는 돈 많고 성공한 사람들 중에 은퇴해서 아무 일도 하지 않는 사람을 알고 있나요?"

이 질문이 폴의 뇌리에 제대로 박힌 듯했다. 폴에게는 유통기한이 없었다. 그는 현실을 잘 알고 있었다. 그가 속한 세대는 그 어떤 세대보다 사회에 적합했고 건강했다. 폴은 무슨 생각을 하고 있었을까? 그는 경험으로 똘똘 뭉친 인생을 허비할 생각이 없었다. 그에게는 계속 나아가야 할 인생과 할 일, 방문할 곳이 있었다. 생산적이고 가치 있는 삶을 계속 꾸려나가며 이 모든 일을 하나씩 이룰 생각이었다.

이 시점에서 폴은 더 이상 지체할 시간이 없었다. 그의 마음은 계속 일을 하는 쪽으로 완전히 기울었고 이미 자기 자신의 삶에 대한 책임감을 되찾았다. 의기소침했던 폴이 새로운 목적을 부여받는 멋진 순간이었다.

폴은 개인 병원을 확장하고 새로 단장하기 시작했다. 얼마 지나지 않아 예전보다 훨씬 많은 돈을 벌면서 일주일에 5일이 아닌 3일만 진료를 보게 되었다. 폴은 나이 어린 의사들을 훈련시키고 교육하면서 지역 사회에 굉장히 향상된 의료 서비스를 제공했다. 폴의 기분은 훨씬 더 좋아졌다. 그를 지켜보고 있던 다른 사람들의 기분도 마찬가지였다.

당신은 자신이 은퇴하지 말아야 하는 경제적이고 공공의 의무가 있는지에 대해 깊이 고민하는 시간을 가져야 한다. 그 과정에서 자기 자신을 심각하게 받아들이게 되는 결과를 낳을지도 모르니 조심하라!

우리는 무언가를 변화시키기 위해 태어났다

폴의 예가 보여주듯이 모든 것은 마음먹기에 달려 있다. 끝없는 노력과 확고한 생존 본능으로 가득한 삶을 위한 준비가 되어 있음에도 불구하고 우리는 은퇴라는 개념과 그와 관련된 활동적인 삶에서의 철수를 받아들이도록 재교육을 받아왔다. 우리는 꼭 밟아야 하는 코스처럼 은퇴를 준비하고 있다. 대신에 재정을 관리할 사람들에게 엄청난 돈을 지불하면서 실제로 그 대단한 날이 오기를 목을 빼고 기다린다. 그런데 은퇴하지 않는 것에 관한 궁극적인 아이러니는 어쨌든 은퇴하지 않는다는 것이 바로 실패의 표식으로 간주되는 현실이다.

차갑고 힘겨운 현실은 은퇴 상태가 오랫동안 지속될 수 있다는 것이며 우리는 그 기간을 20~30년 정도로 보고 있다. 어떤 국가에서는 20~30년은 종신형 2~3번에 해당하는 것으로 어리석게도 우리는 우리 스스로에게 종신형을 선고하고 자발적으로 자택 구류에 들어갔다. 믿기 어려운가? 주위를 한 번 둘러보아라. 필자들은 여전히 당신의 머릿속에 어떤 고민이 남아 있는지 알고 있다.

'그래도 난 반드시 은퇴를 해야만 해. 다들 60세나 65세가 되면 은퇴를 하잖아.'

이제 매우 흥미로운 점이 밝혀질 것이다. 우리 스스로가 이 믿음을 정당화하기 위해 케케묵은 이유들을 댈 것이다. 사람들은 쇠약해지는 건강과 새로운 기술을 받아들이는 속도가 더딘 점, 정신적 민첩성의 감소 등을 이유로 삶의 속도를 줄일 생각을 한다.

다른 말로 하자면, 60세가 넘은 사람들은 마침내 진짜 나이가 들어 노쇠하기 이전에 은퇴라는 마을에 몸과 마음을 숨긴다.

이에 관련한 정말 놀라운 사실은 그런 사람들은 생각보다 빨리 미치지 않는다는 점이다. 은퇴라는 마을을 꾸리고 있는 선량한 사람들이 즐거운 경험을 하기 위해 최선을 다하고 있지 않기 때문은 아니다. 희망을 잃고 쓸모없는 존재가 되기를 기다리기 위해 모든 일을 손에서 놓은 사람들을 상대로 무슨 일을 할 수 있겠는가?

일본 사람들은 이런 상황이 완전히 어리석음의 결과라는 것을 깨달았다. 노년 인구들이 활발한 사고 활동을 유지하는 것의 중요성을 깨달은 일본 전역에서는 뇌 훈련 게임이 유행하고 있다. 정신적 민첩성을 점검할 수 있고 영리함과 민첩성을 유지할 수 있는 게임을 구입하기 위해 노년층이 삼삼오오 전자제품 가게에 모여들고 있다. 일본의 문화와 음식, 건축 양식으로 우리에게 가치를 인정받는 일본인들을 무시하는 것은 아니지만 멀쩡한 사람들이 사고 활동을 왕성하게 유지하기 위해 게임을 하면서 둘러앉아 있는 장면은 무언가 가슴을 먹먹하게 만든다.

그 사람들은 옳은 일을 하고 있다. 사고 활동을 활발하게 유지하는 것은 지극히 중요하다. 우리는 살아가면서 정신적으로나 육체적으로 왕성한 활동을 하면 할수록 알츠하이머병에 걸릴 확률이 낮아진다는 것을 알고 있다. 중요한 것은 시작하기에 절대로 늦지 않았다는 것이다. 당신이 할 수 있는 최고의 활동은 독서를 하거나 사고 활동을 활발하게 만드는 일을 하는 것이다.

몸매를 유지하는 것 역시 좋은 방법이다. 하루 30분씩 운동하는 것만으로도 뇌에 충분한 산소를 공급할 수 있어 기억력과 사고력 증진에 도움이 된다. 스텝을 밟기 위해 정신적은 물론 신체적 민첩성까지 동원해야 하는 춤이 그 무엇보다 좋은 운동이라는 주장도 있다. 하지만 인생을 춤이나 추고 게임이나 즐기면서 보낸다면 얼마나 손해겠는가.

이 시점에서 우리의 목적이 무엇이며 우리가 존재하는 이유에 관한 논쟁으로 빠져드는 것은 상당히 위험하다. 아리스토텔레스부터 버트란드 러셀에 이르기까지 학식이 풍부한 철학자들은 이 문제에 대해 끊임없이 논쟁을 벌였지만 답을 얻지 못했다. 오히려 질문만 더 낳았을 뿐이었다.

필자들은 우리가 단지 후손을 생산하고 죽기 위해 이 세상에 태어났다는 것을 받아들일 수 없다. 동물의 왕국에 살고 있는 동물들에게는 해당되는 삶일 수도 있다. 하지만 인간으로서 우리는 동물보다 더 높은 목적을 가지고 상위 레벨로 진화되었다. 필자들은 뉴에이지의 비상식적인 설교를 펼치고 있는 것이 아니다. 우리는 진화된 종이며 단순히 존재하는 것 이상의 가치를 가지고 삶을 유지하고 있다. 우리는 변화를 만들기 위한 무엇인가를 하기 위해 이 세상에 태어났다는 것을 명심해야 한다.

10대 후반이나 20대 초반, 모든 삶이 눈앞에 펼쳐졌던 때의 느낌을 기억하는가? 오늘은 또 다른 기회가 놓인 내일이 따라오는 삶을 위한 것이었나? 그렇다면 어제는 무엇이었나? 누가 지나간 어제에 신경을 쓸까?

그 시절 당신의 운명은 내일은 없는 것처럼 사는 것이었다. 어쩌면 미래가 불투명했을지도 모르고 소정의 목적이 없었기 때문에 그랬을지도 모른다. 당신은 꿈을 실현하기 위한 준비에 들어갔고 당신이 아무 일 없이 앉아서 빈둥대는 것보다 더 나은 것을 할 수 있다고 제안하는 자에게는 독설을 퍼부었다. 그래서 무엇이 바뀌었는가?

1948년에 소설가 조지 오웰은 사상경찰이 모든 이들의 사고를 통제하는 미래를 담은《1984년》을 집필했다. 물론 1984년은 벌써 지나갔고 우리는 조지 오웰이 예언한 끔찍한 미래를 겪지 않았음을 즐겁게 여겼다. 그러나 소설 속에서 일어난 일들이 우리 주변에 일어나고 있었다. 사상경찰이 사방에 깔려 있는데 우리가 알아차리지 못할 뿐이다. 이따금씩 우리는 그들을 분별하지만 조지 오웰이 예언한 대로 우리는 이 무시무시한 사람들이 실제로는 우리에게 득이 되는 점이 있다고 설득된다. 바로 그거다!

우리는 기꺼이 20~30년 동안의 은퇴라는 감옥에 우리를 가두고 사회의 관대에 감사해 한다. 우리는 감사하는 마음으로 거울을 응시하지만 거울 뒷면에는 사상경찰이 우리를 감시한다는 사실을 알지 못한다. 조지 오웰은 우리가 스스로를 세뇌하는 자가 될 것이라는 것을 예측했다. 세상에 이런 일이 어떻게 일어날 수 있는가?

"저희가 생명 보조 장치를 꺼도 되겠습니까, 선생님?"

"그럼요, 그렇게 해주세요. 전 충분히 살았답니다. 고마워요."

우리가 이런 운명을 타고났다면 어쩌면 이 대화는 현실일 수도 있다.

그러나 그 누구도 이런 삶을 살아서는 안 된다.

내 삶은 연습이 아닌 실제다

"자신의 운명을 좌지우지하지 못한다면 다른 사람이 당신의 운명을 쥐고 주무를 것이다."

비즈니스맨인 잭 웰치는 위와 같은 말로 이 상황을 더할 나위 없이 잘 표현했다. 잭 웰치는 믿기 어렵겠지만 "우리는 스스로의 운명을 쓴다. 우리는 우리가 하는 일에 따른 존재가 된다"라고 말한 중국의 군사 지도자 장개석과 돈독한 관계를 유지하고 있었다.

게다가 우리는 윈스턴 처칠 경의 유명한 말을 인용할 수도 있다.

"운명의 사슬 가닥은 한 번에 한 개씩만 쥘 수 있다."

만약 이 모든 말이 자신에게 버겁다면 밥 말리의 말을 들어보라.

"모든 이는 각자의 운명을 결정할 권리가 있어야만 한다."

우리는 당신이 삶을 되찾고 즐기기를 바란다. 자신의 운명을 결정하라. 거울을 보며 우리의 말을 따라 하라. "야호! 나는 살아 숨 쉬고 있고 이렇게 계속 살면서 충만한 삶을 꾸릴 거야. 내 삶은 연습이 아닌 실제야. 내 삶이 바로 본 행사고 내게 주어진 역할이 있기에 나는 삶의 각본을 짜고 행복한 결말로 이끌 권리가 있어."

- 당신이 해야 할 일은 하고 싶은 일을 하기 위한 시간표를 짜는 것이다.

- 당신은 평생을 살아남기 위해 안간힘을 쓰며 살아왔다. 왜 지금 멈추려고 하는가?

- 언제, 어디서나 사상경찰을 조심하라.

- 자신의 운명을 스스로 통제하고 인생을 즐겨라.

Part 9

일은 지속 가능한 선택권이다

언제부터 인생의 여정이 오직 노동의 연속이었나? 당신은 로보트가 아니다. 일은 목적을 달성하기 위한 노력이어야 하며 그 목적은 은퇴라는 개념이 들어올 틈이 없는 지속적인 것이어야만 한다.

삶은 계속 진행되는 것이다

이 책의 목적은 인습적이지 않고 독립적으로 작용하는 독자적인 사고를 고무시키는 것이다. 이런 방법으로 삶에 접근했었다면 어떤 사람이 됐을까? 아마도 이교도(heretic)가 되었을 것이다. 오늘날 어쨌든 반사회적인 의미를 담고 있는 이 단어는 '선택할 수 있는'이라는 의미를 가진 그리스 단어 '하이레티코스(hairetikos)'에서 왔다. 이는 반사회적인 단어가 아닐 수 없다.

불과 몇백 년 전까지만 해도 이교도들은 화형에 처해졌다. 현 상태에 반기를 들거나 당파에 대해 의구심을 품는 등 일반적으로 인정된 표준을 따르기를 거부하는 자는 이교도라는 꼬리표를 달고 화형에 처해졌다. 오늘날 그런 사람들은 보통 괴짜나 이상한 사람이라는 취급을 받고 일반적으로 무시된다.

사회적 괴짜에는 은퇴할 의도가 전혀 없다고 말하는 사람도 포함된다. 종종 그들은 사람들의 동정어린 시선을 받기도 한다.

"아… 그럼 계속 일을 하셔야 하나 봐요?"

이 말은 다음 말을 내포하고 있다.

"당신은 인생의 실패자이시네요? 일을 그만두지 않으면 안 되나 보죠? 어딘가에 투자한 것도 없는 완전 패배자네요."

절망적으로 자식들에게 의존하며 다음 세대가 자신들의 자리를 꿰찼다는 점을 애써 외면하는 늙고 지친 바보들에 관한 일장연설을 펼칠 때가 되었다. 당신이 죄책감을 느끼는 분위기가 조성될 것이다. 게다가 포착하기 힘든 미묘한 질투까지 도사리고 있을지도 모른다.

'그래, 나야 계속해서 일을 하고 싶지만 가족들과 함께 더 많은 시간을 보내는 것도 좋을 것 같아.'

결국 당신이 삶에서 당신을 떼어놓으려는 그 모든 시도를 떨쳐버렸을 때 현대판 화형인 '무시'가 생겨난다. 즉, 당신은 더 이상 존재하지 않는 사람으로 취급될 것이다.

조금이라도 이런 점이 걱정된다면 용기를 내라. 사람들은 방관자의 입장으로 조용히 이를 지켜보면서 날로 호기심은 키워나갈 것이다. 그리고 사람들이 당신이 은퇴 적기를 넘겨서도 얼마나 성공적인 '삶'을 꾸려나가는지 보게 되면 그들은 성공의 비밀을 배우기 위해 당신을 찾아올 것이다. 그렇다면 당신은 사람들에게 '은퇴'라는 단어를 자신의 어휘에서 삭제하고 '일'이라는 단어를 다시 정의 내리는 방법에 대해 설명해 주어야 한다.

삶은 계속 진행되는 것이며 연속적인 경험이자 자기 자신으로 변화한 여정의 일부분이다. 이제 새로운 도전과 기쁨을 향해 전속력으로 돌진해야 한다.

그렇다면 일을 계속하는 것이 왜 그렇게 중요할까? 우리에겐 그 모든 일에서 벗어나 휴식을 취할 자격이 충분하지 않은 걸까? 당신은 건강과 안녕을 유지하기 위해, 자신이 속해 있는 공동체와의 관계를 지속하기 위해 일을 한다. 그 무엇보다도 '존재감'을 유지하기 위해 일을 한다. 은퇴를 하면 당신은 세상의 나머지 사람들이 염려하듯이 사실상 존재감을 상실한다.

냉전 시대 중에 레슬리 케이 박사는 수중 음파 탐지기를 발전시키고 적의 잠수함을 찾기 위해 음파를 사용하는 업무를 하는 영국 해군 소속의 과학자로 근무했다. 그 후 그는 세계 선두의 전기 전자 공학자이자 음파 장치 분야 전문가로 계속해서 활동했다.

박쥐와 모기는 음파를 이용하여 사물을 알아볼 수 있는데 이제는 레슬리 메이 박사 덕분에 사람들도 시력 없이 음파로 사물을 인식할 수 있게 되었다. 이 대단한 과학자는 사람들이 가까이에 있는 사물이 울리는 소리를 듣게 해줄 수 있는 장치를 개발했다. 가격도 합리적이고 이동성도 용이했다.

레슬리 케이 박사는 시각장애인들을 위한 최초의 시판용 전자 장치인 '소닉 노치'로 영국 과학 분야 성취상을 수상한 첫 번째 사람이다. 그 후 레슬리 케이 박사는 뉴질랜드 캔터베리 대학교의 전기 공학 학부장으로 재임하면서 발명품을 계속 연구했고 그 공로로 '커뮤니케이션 어워드'에서 '국제적인 사치 & 사치 이노베이션 상'을 수상하여 상금으로 십만 달러를 받기도 했다.

현재 레슬리 케이 박사는 대학 교수직에서 벗어나 자신의 집에서 워크숍을 열고 있다. 그의 이후 목표는 시각장애인들이 좀 더 자유롭게 걸을 수 있도록 기술을 향상시키는 것이었다. 그것은 얼마 지나지 않아 현실이 되었다. 결국 그가 해낸 것이다. 하지만 이 기술은 눈이 멀게 된 미국 퇴역 군인들이 사용했음에도 불구하고 높은 가격 때문에 널리 보급되지 못했다. 그러나 이런 역경도 레슬리 케이 박사의 열정을 막지 못했다. 그 다음 발명품은 무해한 초음파를 물체에 발산해 시각장애인들이 물체의 모양과 크기를 알 수 있도록 고안한 지팡이였다. 그 지팡이에는 크기가 작은 음파 장치가 고정되어 있었다. 가격은 믿을 수 없을 정도로 낮춰졌고 음파 지팡이는 현재 전 세계적으로 판매되고 있다. 현재 레슬리 케이 박사의 나이는

84세이다. 그에게 있어 나이는 그다지 중요한 요소가 아니었다. 그는 여전히 왕성한 활동을 하고 있다.

레슬리 케이 박사는 활발한 정신과 육체를 유지하기 위해 끊임없이 노력하고 있다. 당신 역시 인생을 즐기면서 계속해서 일을 할 필요가 있다.

우리에게는 항상 선택권이 있다

이 모든 사실에도 불구하고 은퇴를 해야 한다는 커다란 압력이 남아 있다. 하지만 계속 일을 하면서 수입뿐 아니라 관계와 자존심을 지켜라. 이 태도를 받아들이고 실천하라.

이 책을 집필하기 위해 자료를 수집하면서 셀 수 없을 정도로 많은 은퇴 분야의 전문가를 인터뷰했다. 그 과정을 통해 '은퇴'할 나이에도 충만한 삶을 살고 있는 많은 사람이 올바른 태도를 지니고 있다는 점을 발견했다. 올바른 태도를 지니면 당신은 생명이 다할 때까지 정신적으로 풍족한 삶을 영위할 수 있다.

은퇴는 어두운 구멍 안에 있는 상태와 유사하다. 다른 구멍들처럼 은퇴라는 구멍에도 여러 가지 선택 사항이 있다. 어떤 이는 구멍 안에서 휴식을 취하는데 그런대로 만족을 한다. 구멍에서 사람들을 끌어올리기 위해 인내심을 가지고 기다리는 사람들도 있다. 계속해서 구멍만 파서 구멍을 점점 크게 만드는 사람들이 있는 반면, 구멍에서 나올 수 있기를 바라지만 빠져나올 방법이 없어 보여 끊임없이 현실적인 선택권을 찾는 사람들도 있다. 이 점을 잊지 말자. 우리에게는 항상 선택권이 있고, 선택권은 참된 힘의 진정한 원천이다. 알렉스의 경우를 살펴보자.

현재 50세인 알렉스는 두 번의 결혼으로 네 명의 어린 자식이 있다. 그는 자산도, 저축도 하나 없는 상태였다. 그의 위치는 날이 갈수록 위태로워졌다. 알렉스는 자신의 재산으로 은퇴 후 생활을 어떻게 꾸려나갈 수 있을지 도통 갈피를 잡을 수 없었다.

알렉스는 근무 시간을 자기 마음대로 조정할 수 있는 소매상이었지만 자신에게 부여된 책임을 다하기 위해 영원히 끝나지 않을 것 같은 쳇바퀴를 아무런 희망도 없이 계속해서 돌리는 것만 같았다. 알렉스에게 선택권이 있었을까? 물론이다. 그러나 알렉스가 은퇴에 대해 잊기 전까지는 그 어느 것도 구체화되지 않았다. 바로 그 순간, 알렉스는 자신을 구멍에서 꺼내줄 사람이 없다는 점을 깨달았고 스스로 무언가를 하는 것이 낫겠다는 생각을 했다. 알렉스에게 필요했던 것은 마음가짐을 바꾸는 것이었다.

알렉스에 대해서는 잠시 후에 계속 이야기하도록 하겠다.

낙천주의는 행복한 삶의 비밀이다. 낙천적인 사고는 건강한 신체를 갖는 것에 도움을 준다. 건강한 몸과 정신은 삶에서 갖출 수 있는 훌륭한 마음가짐의 조건이다.

전 세계의 의료 연구원들은 현재 우리 스스로의 자아 인식 개념이 올바른 노화의 중대한 요소라는 점에 사실상 의견을 같이 한다. 긍정적인 가치관을 가진다면 신체가 온전치 않은 경우에라도 인생은 훨씬 더 나아질 것이다.

우리는 나이가 들어갈수록 북채를 가볍게 쥐고 약간 느린 속도로 북을 치면서 행진을 해야 될지도 모른다는 점을 받아들이고 있다. 그렇다고 기분 나빠할 필요는 없다. 자신이 더 이상 20대의 체력을 가지지 않았다고 받아들인 노인들도 여전히 젊은이의 정신과 마음가짐을 지닐 수 있다. 젊음을 유지할 수 있는 불로불사의 명약은 마음가짐이다. 머리카락 색이 흰색이 아닌 은색이라고 생각하는 자세, 그것이 바로 비밀이다.

조금씩 늙어가고 있다는 현실을 받아들이면서 기쁨과 기대로 충만한 인생을 살고 있다는 점을 인정하자. 계속해서 목표를 설정하자. 끊임없이 꿈을 품고 미래 계획과 시간표를 짜자. 이미 논의했듯이 은퇴라는 주제와 관련된 가장 큰 두려움은 재정적인 안전성에 관한 문제이다. 나이 든 사람들을 초조하게 만드는 걱정거리는 재정적 수단에 관한 문제이다.

은퇴하기를 거부하는 것은 당신에게 엄청난 재정적인 안전성과 독립성을 가져다준다. 살아 숨 쉬는 사람들 사이에 둘러싸여 계속해서 삶을 이어가고 싶다면 가장 먼저 계획을 세우고 목표를 설정하라.

사람들이 나이가 들면서 하는 또 하나의 걱정은 자식들의 태도이다. 자녀들이 전화를 걸어 의례적인 대화만 하다 허무하게 끊은 적이 있는가? 많은 사람이 그것이 어떤 느낌인지 잘 알고 있다. 노년 인구를 위해 유료 말동무 서비스를 제공하는 사업이 성장하고 있는 추세이니 상황이 얼마나 심각한지 짐작할 수 있을 것이다.

성장한 대부분의 자녀는 늙은 부모와 함께 있는 것을 대단히 지루하고 답답하게 느낀다. 참으로 잔인한 현실이다. 부모가 그들을 위해 한 모든 것에 영원히 감사해야 할 우리의 자녀들이 그런 현실에 괴로워하고 있다.

사실 부모를 부양하려는 생각을 품고 있는 자녀들이라도 노쇠한 부모를 돌보다가 거울을 보면서 깨닫게 된다. 자신들에게 성큼 다가올 미래를. 자녀들은 그 미래에 대한 두려움으로 돌아서버린다.

끊임없이 젊은 사람들에 둘러싸여 있는 노인들을 생각해보라. 자녀들과 손자들이 도움을 청할 뿐만 아니라 돈독한 관계를 함께 유지하면서 관심의 중심에 서 있는 노인들을 생각해보란 말이다. 무엇이 보이는가? 아마도 당신은 인생의 참맛을 제대로 즐기고 있는 사람의 반짝거리는 눈을 보게 될 것이다.

조금만 더 관심을 가지면 당신 역시 끊임없이 자문하고 도전하는 사람들을 찾아볼 수 있다. 그런 사람들은 내일 무슨 일을 할 것인지에 대해 대화를 나눌 뿐 어제 무슨 일을 했었는지에 대해서는 말하지 않는다.

이들은 나이나 병에 얽매인 삶이 아닌 있는 그대로의 인생을 살고 있는 사람들이다. 한마디로 자식들뿐만 아니라 다른 젊은 사람들을 단번에 매료시키는 흥미로운 나이 지긋한 사람들을 보고 있는 것이다. 이런 사람들은 자녀들과의 관계뿐만 아니라 사회에서 만난 사람들과의 관계도 제대로 유지하고 있다.

우리는 은퇴라는 개념이 아래에서 올라오는 젊은 사람들에게 기회를 창출해 줄 필요가 있기 때문에 생겨났다는 이야기를 하고 있다. 젊은 사람들에게 기회를 창출해 줌과 동시에 현재 일에 종사하고 있는 사람들에게도 더 나은 것이 기다리고 있다는 약속을 제일선으로 해주며 행복하게 해줘야 할 필요가 있었다. 이런 취지와는 달리 다양한 형태의 사회복지국가의 탄생은 은퇴라는 안전막을 쳐 놓았다. 그러나 우리가 이미 알고 있듯 복지국가는 전체적인 노년 인구에 대한 접근과 해결 방법의 재고라는 문제를 안고 몰락 위기에 처해 있다.

이런 상황은 서구 국가에만 국한된 것이 아니다. 다른 국가들도 나름대로의 방법으로 노년 인구 문제를 처리하고 있다. 아시아와 태평양 섬나라 도처에서는 사회복지의 다른 형태로 젊은 사람들이 나이 든 사람들을 공경해야 한다고 교육받고 있다. 자녀들에게 어른을 공경해야 한다고 가르치면 아이들이 때가 되었을 때 늙은 부모를 보살필 것이다. 아니면 자기 자신을 돌보기 시작할 수도 있을 것이다. 소매상인 알렉스의 이야기를 계속해서 들어보자.

알렉스는 사업을 시작할 필요가 있었고 긍정적인 태도를 가질 필요도 있었다. 알렉스는 업무 기초에 관한 중대한 일을 할 젊은 소매상인을 고용하고 자신은 경영과 총관리, 새로운 사업을 시작하는 일을 맡는 것으로 일을 시작했다. 알렉스는 흔히 말하는 은퇴할 나이를 훌쩍 넘어 사업을 시작했다. 알렉스는 은퇴라는 시커먼 구멍 밖에 있는 사다리 가장 밑부분에 발을 걸친 것이다.

알렉스 같은 사람이 얼마나 빠른 속도로 목적과 미래, 긍정적인 태도를 거머쥔 사람들만 누릴 수 있는 신선한 공기와 햇빛을 즐길 수 있었는지에 대해 들으면 깜짝 놀랄지도 모른다. 국가가 약속은 했지만 지급하지 않을지도 모르는 소액의 연금에 기대기보다는 알렉스처럼 미래를 준비하는 것이 훨씬 나은 선택이다. 생각하는 방식을 바꿔라. 그것이 바로 비결이다.

변화가 가장 중요하다

변화는 참으로 유익하다. 변화는 새로운 두뇌 활동 양식을 자극하고 활성화하기 때문이다. 능동적인 마음은 비록 정상보다 느린 속도이기는 하지만 새로운 뇌세포를 생성하는 능력이 있다는 사실을 놓쳐서는 안 된다.

50대가 된 이디스에게 혹독한 현실이 다가왔다. 그녀에게 2명의 아이가 있었는데 60세 정년퇴직을 앞두고 가족 부양이라는 문제가 떠오른 것이다. 수학교사였던 이디스는 국가에서 지급될 연금보다 더 많은 돈이 자신에게 필요할 것이라는 것을 재빨리 계산했다. 이디스에게는 돈이 될 만한 자산이 거의 없었다.

죽은 남편의 보험금으로 마련한 집에는 적당한 크기의 정원이 있었다. 이 시점에서 이디스는 교사 외에 무슨 일을 할 수 있을지에 대해 생각해보았다. 이디스는 화초 가꾸기에 소질이 있었다. 그녀는 주저하지 않고 묘목을 가꾸고 정원을 꾸미기 시작했다. 얼마 지나지 않아 그녀의 정원은 지나가는 이웃들의 시선을 사로잡았다. 사람들은 이디스가 키운 묘목을 구입하기 시작했으며 그녀에게 조언을 구하고 그녀를 정원 디자이너로 고용하기도 했다.

이디스는 정원 가꾸기와 화초에 관한 책이라면 밤을 새서라도 읽었고, 결국 책까지 출판하게 되었다. 이디스의 책은 날개 돋친 듯 팔려 나갔을 뿐만 아니라 여러 개의 문학상도 수상했다. 교사로서의 은퇴 시기가 다가왔지만 이디스는 별다른 걱정을 하지 않았다. 묘목 몇 개로 시작한 일이 지역의 전면적인 나무 모종과 조경 상담까지로 발전한 것이다. 정원에서 자유롭게 돌아다니면서 크는 닭들 덕분에 신선한 유기농 달걀 판매도 번창했다.

오랜 시간이 지난 지금, 그녀는 여전히 왕성하게 집필 활동을 펼치고 있다. 얼마 후면 또 한 권의 책이 출판될 예정이다. 이 모든 것은 이디스가 남들보다 40년 먼저 자산을 점검해보고 은퇴가 최선의 선택이 아니라는 것을 결정하고 진정으로 충만한 삶을 꾸렸기 때문이다.

- 은퇴하지 않겠다고 결정하는 일은 비난을 동반할 수 있다. 비난을 감수할 준비를 하자.

- 노동은 인간, 사회 관계는 물론 자존심을 유지시켜줄 뿐만 아니라 수입도 발생시킨다.

- 은퇴에 대한 생각을 떨쳐버릴 때면 다른 선택이 펼쳐진다.

- 낙천주의가 장수의 비결이다. 나이를 먹는다는 현실을 받아들이되 행복하고 충만한 삶을 곁에 두어라.

- 목표를 설정하고 꿈을 꾸어라. 항상 미래를 향한 계획을 품는 일을 멈추지 말라.

Part 10

내 인생을 돌려받는 방법

60세나 65세가 된 자신을 미리 떠올려 보면 훨씬 쉽게 미래를 대비할 수 있다. 당신이 하지 말아야 할 일은 나이 드는 일을 주요 행사로 만들어 잔치를 열면서 사람들에게 공표하는 것이다. 60세가 되어도 변하는 것은 아무 것도 없다. 만약 성대한 환갑잔치를 연다면 모든 사람이 당신이 은퇴한 후 무슨 일을 할지 궁금해 할 것이다. 그러니 잔치를 열지 말고 패배주의자 같은 말도 안 되는 소리도 집어 치워라. 60세가 인생의 종말이라도 되는 양 생각하는 울적한 사람들과의 만남도 피하라. 60세나 65세가 되는 일은 그 어떠한 구분을 짓는 기준이 아니다. 그러니 절대 축하할 필요가 없다. 이런 일은 모래에 줄을 긋는 일처럼 쓸데없는 것이다.

목적을 현실로 만들기 위한 여섯 가지 단계

쉬운 절차를 밟고 긍정적인 마음을 갖는 것으로 당신은 이미 '나이'라는 단어가 지닌 부정성을 줄이고 선두에 나와 있다. 이런 식으로 생각하라. 계발 전에는 노력의 단계가 있고 계발 후에는 영감이 우리를 기다리고 있다.

은퇴를 하지 않고 인생에서 성공하기 위해서는 전략적으로 생각하는 법을 배우는 일이 필수이다. 이는 단지 목표를 갖는 것이 아닌 무엇인가를 이룰 수 있는 전략을 뜻한다.

너무나 많은 사람과 회사, 단체가 목적과 전략을 혼동하는 동일한 실수를 범하고 있다. 현명하고 총명한 사람들이 운영하고 있는 수많은 회사도 이런 실수를 저지르곤 한다. 성공에 목이 말라 있는 사람들은 주말에도 쉬지 않고 회사에서 시간을 보낼 것이다. 그들의 머릿속에는 '성공'이라는 목적만 있을 뿐이다. 그들에게 필요한 것은 '전략'이다. 필자들의 말을 오해하지는 말라. 그런 사람들은 모두에게 친절하려고 부단한 노력을 할 테지만 뚜렷한 목표와 실제적인 전략이 없다면 그들의 노력은 성과 없는 일이 될 가능성이 크다.

이는 모두 목적을 발전시키고 목적을 현실로 만들기 위한 전략을 발전하는 것에 귀착된다. 우리는 앞 장에서 위시리스트와 꿈에 관한 이야기를 나눈 바 있다. 당신의 꿈을 현실로 만드는 방법은 그에 대한 계획표를 작성하

는 것이다. 아니면 좌뇌의 지배권을 우뇌에게 넘겨주는 방법을 택할 수도 있
다. 우리는 처음에는 일한다는 사실을 '선물'로 받아들였다가 이제는 일의
'종'이 되어버렸다.

당신의 목적은 계속해서 삶을 영위하는 것이다. 그것은 정말 위대한 목
적이다. 이제 필자들은 당신의 목적을 현실로 만들기 위한 전략을 구상하는
것을 도와주겠다. 이 과정을 목표를 달성하기 위한 지도쯤으로 생각하라.

첫 번째 단계 : 부채 상태에서 벗어나기

가장 첫 번째로 해야 할 일은 아주 중요한 일이다. 그것은 바로 '부채 상
태에서 벗어나기'를 계획하는 것이다. 살아가는 대부분의 시간 동안 일을 하
면서 계속해서 이자를 갚을 이유가 있을까? 그리고 자녀들을 위해 부채를
만들지 말라. 도대체 왜 자녀들에게 생활양식을 만들어 주기 위해 자금을 제
공하면서 자신의 재정적 안전에 금이 가게 하는가?

중국에서 오래전부터 내려온 속담 중에 이런 말이 있다. '장거리 여행
은 첫발을 내딛으며 시작한다.' 이는 장거리 여행은 부모님 등에 업혀서 중
간부터 시작되는 것이 아니란 뜻이다.

당신이 선택한 방향으로 가게 하면서 재정적 지원을 해주는 것보다는
스스로 삶을 개척하게 하는 것이 자녀들을 더 존중하는 방법이다. 철학자들
은 종종 아이들을 부모의 활을 떠나는 '화살'에 비유한다. 그 누구도 화살을
활에 연결해 놓지 않는다.

현명하게 생각하는 것은 이 시점에서 꼭 필요한 것이다. 더욱더 균형적

인 삶을 살기 위해 노력하면서 부채를 짊어지고 있다는 것은 말이 안 된다. 부채는 당신을 이자 지급이라는 쳇바퀴에 올려놓는 것과 다름없다.

지금 이 순간부터 당신은 인생의 모든 것을 더 실용적이고 알맞게 만드는 데 주력해야 할 것이다. 한 발자국 물러서서 부채라는 쳇바퀴가 '더 크고 더 낫고 더 주도면밀한 상황에서 벗어나 폭발해버리는 통제 불가능한 상황'으로 변모하고 있지는 않은지 관찰해보자. 우리는 이런 파산을 무시하는 경향이 있다. 하지만 파산은 모든 일을 처음부터 다시 시작해야 함을 알리는 징조다.

더 큰 집과 늘어난 저당, 번개같이 달리는 차… 이 모든 것이 대부분의 사람을 자멸의 길로 인도하고 궁극적으로는 파괴의 길을 걷게 하는 부채 증감이라는 문제를 일으키는 주요 원인이다.

'죽음'과 '서약'을 의미하는 라틴어 'mort'와 'gage'에서 '저당(mortgage)'이라는 단어가 파생되었다는 사실이 이런 상황을 더욱 잘 설명해준다. 자신만의 결론을 스스로 내리도록 놔두겠다. 제일 먼저 해야 할 일은 일에 대한 새로운 태도를 발견하는 것, 바로 저당에서 자유로워지는 일이다. 도대체 왜 죽음의 서약을 계속 늘리려고 하는가?

첫 번째 단계를 실행하는 것을 돕기 위해 유용한 정보를 제공해주도록 하겠다. 필요하지 않은 물건을 구입하는 일을 그만두어라. 이제부터 스스로에게 아래에 있는 질문을 하면서 모든 중요한 구매 문제에 있어 항상 생각해보겠노라고 결심하라.

- 자기 자신을 위한 구매이며 정말 필요한 것인가?

- 내가 이미 가지고 있는 물건에 비해 어떤 점이 다르고 어떤 점이 더 나을까?

- 단순히 이웃이나 친구들에게 자랑하기 위해 물건을 사고 있지는 않은가?

- 이 물건이 얼마나 중요한가?

- 이 물건을 구매하는 것이 최선인가?

30년 전에 마이클은 자신을 위해 은퇴 후에 기거할 집을 짓기로 결심했다. 안타깝게도 마이클은 은퇴라는 고루한 태도를 받아들였지만 적어도 생각은 남들보다 앞서 있었다.

마이클이 제일 먼저 한 일은 은퇴용 저축을 모두 해지하여 해변가에 위치한 작은 토지에 투자한 것이다. 그렇게 토지는 구입했지만 그 위에 건물을 건설할 여유는 없었다. 그러나 마이클에게는 해변 풍경과 완벽하게 조화를 이룰 세련된 주택 디자인이 있었다. 5년 후 마이클은 두 개의 차고를 지을 수 있는 돈을 모았다. 한쪽에는 보트를 보관해 놓고 다른 한쪽은 자신과 가족들이 주말에 사용할 수 있는 주거공간으로 개조했다.

우리는 관심을 가지고 이 모든 과정을 지켜보다 일이 어떻게 진행되고 있는지 물어보았다. 마이클은 이렇게 대답했다.

"죽어서 천국에 왔다는 생각이 들어요. 침대에 누워서 제 보트를 보는 이 기분이 어떤지 아세요? 이보다 더 좋은 일은 없을 거예요."

그 후 몇 년 뒤에 마이클은 집을 완공했다.

이제 마이클은 은퇴라는 게임에 뛰어드는 것이 헛되다는 우리의 생각에 귀를 기울이기 시작했다. '은퇴'가 마이클의 삶에 포함되어 있었던 힘겨운 옛 시절에 도시에 있는 집을 팔아 은행 빚으로 해변에 집을 지었다면 이자를 갚느라 바쁜 시간을 보냈을 것이다. 이제는 더 이상 그럴 필요가 없다. 이제 그는 모든 일에 상응하는 완벽한 보상으로 삶을 즐길 수 있을 것이다. 또한 그에게는 집이 있다. 마이클은 부채 청산을 했으며 더 이상 이유 없이 혹은 이웃들에게 잘 보이기 위해 물건을 구입하지 않는다.

마이클이 은퇴를 생각하고 있냐고? 택도 없는 소리다.

해변에 있는 마이클의 집은 이제 능동적이고 보상 가치가 있는 생활양식의 일부가 되었다. 마이클은 개방된 자세로 현재의 생활양식과 마음 상태를 유지하기 위해서라면 시간제이든 전일제이든 구분하지 않고 어떤 일도 할 것이다.

우리 동료들 중 몇 명도 이런 생각에 뜻을 같이했다. 따라서 더 많은 부채를 발생시키는 훨씬 크고 비싼 집과 차를 구입하는 것을 그만두었다. 동료들은 자신이 가지고 있는 것에 만족하는 법을 배웠고 대부분의 경우 난생 처음으로 본인들의 수입을 부채 걱정 없이 마음껏 쓸 수 있다는 사실에 크게 기뻐하였다.

그들은 즐길 수 있는 일만을 선택하면서 일을 계속할 수 있었다. 그것은 우리들의 주위를 배회하면서 우리를 눈멀게 하여 한 손은 앞으로 뻗고 한 손에는 지팡이를 쥐고 걷게 하는 은행 직원이 없었기 때문에 가능한 일이었다.

필자들의 말을 오해하지 말라. 부채는 우리 사회에게 매우 중요한 위치에 있다. 그러나 부채는 얼음으로 만든 배와 같다. 두말할 것도 없이 얼음으로 만들어진 배는 당신과 함께 침몰할 것이다.

두 번째 단계 : 좋은 관계를 형성하고 키워 나가기

자, 이제 재정 문제를 해결했으니 전략의 다음 단계로 넘어가자. 다음 단계는 훌륭한 친구들과 관계를 맺는 것이다. 당신의 부나 지위로 결합된 친구들이 아닌 위기에 빠졌을 때도 당신을 위해 함께 있을 친구들 말이다. 좋은 친구들, 진정한 친구들과의 우정은 나이와 상관없이 위기 상황에서도 변치 않는다.

다양한 연령대의 새로운 친구들을 계속 만들어라. 만약 직업이나 맡고 있는 직위와 연결된 친구들을 사귄다면 상황이 변할 때 그들도 변하는 것을 볼 수 있을 것이다. 기대에 어긋난 이런 상황 대신에 나이도 손실의 기회가 될 수 있다. 진정으로 고립되어 살기를 원하는 사람은 많지 않다. 고립된 삶을 피하기 위해서 친구들 그리고 당신과 친하게 지내고 싶어 하는 사람들과 시간을 보내야 한다. 가족은 물론 결혼으로 맺어진 가족들과도 책임과 의무의 관계를 맺고 있다는 점을 잊지 말라. 이런 관계 중에서 보상을 받는 관계도 더러 있을 것이고 적지 않은 오점이 남는 관계도 있을 것이다. 이러한 것이 당신을 힘들게 할지도 모르지만 옳고 값진 고통이 될 수도 있다. 당신은 친구들을 택할 수는 있지만 가족은 선택할 수 없다. 그러니 이번 단계 전략의 비결은 친구들을 잘 고르는 것이다.

세 번째 단계 : 정기적인 관리와 회복에 신경 써라

노력만 하면 60대에도 얻을 수 있는 완벽한 건강 상태의 모든 조건을 갖추도록 노력해야만 한다. 자동차에 신경을 쏟듯이 자신의 건강을 회복하고 관리할 수 있는 온갖 방법을 유지하는 것을 멈추지 말라. 치아를 치료해야 하나? 치과에 가라. 새 안경이 필요한가? 그럼 맞춰라. 몸에 다시 손볼 곳이 있는가? 행동으로 옮겨라. 우리는 물질적인 자산만 유지하고 가장 중요한 자산인 우리 자신은 당연하게 여기는 경향이 있다. 당신은 아마도 일정 기간마다 자동차의 정기 검진을 받을 것이다. 그렇다면 당신의 몸은 어떠한가? 자주 검진을 받고 있는가?

수술도 젊으면 젊을수록 육체적으로 더 쉽고 가계 사정에도 유리하다. 사실 수술 후 세월이 지나고 뇌의 활동이 정지되면서 마비 증상이 오는 등 수술로 인한 엄청난 위험이 닥칠 수 있다. 컴퓨터처럼 전원이 나갔을 때 '다시 시작하기' 버튼을 누르는 것처럼 뇌도 그 힘을 되찾아야 한다. 그러니 계속해서 건강 유지 프로그램을 진행하라. 아직 건강 유지에 대해 아무 일도 하고 있지 않다면 더 이상 소중한 시간을 허비하면 안 된다. 망설이지 말고 지금 당장 시작하라.

이런 일이 쉽다고는 선뜻 말하지 못하겠다. 하지만 당신의 머릿속에 어떤 생각이 들어차 있는지 필자들은 알고 있다.

'60세가 되어 가는데 무슨 일을 시작하라는 거야. 개인적인 건강 유지를 위해 노력하라고? 쉽지 않을 것 같은데…….'

하지만 걱정하지 말라. 모든 자산과 물질 등을 유지하면서 은퇴 바이러스에서 살아남아 남은 인생을 충분히 살아갈 수 있다.

60세가 된다는 사실이 굉장히 벗어나기 힘든 정신적 경험일 수 있다는 점을 확신하면서 마음을 굳게 먹는 사람은 수없이 많다. 개인 건강보험 지급처에서 이제 새로운 연령대이자 위기 그룹에 들어갔다는 것을 친절하고 상세하게 알려주는 안내장이 오면 당신은 위험한 이정표에 이르렀다는 것을 알게 된다. 계속해서 추가로 부담해야 하는 보험금은 늘어가기만 할 것이다.

대부분의 사람이 나이가 들면 보험이 필요할 것이라고 생각하면서 젊었을 때 생명보험 약관을 받아들인다. 사실 보험이 노년에 필요하기는 하다. 그러나 보험회사에서 설명해주지 않는 것이 있다. 그것은 나이 들어서 보험금을 감당할 능력이 없으면 보험이 당신을 좀먹는다는 사실이다. 계획된 말장난에 놀아난 것이라고도 할 수 있다.

나이가 들면서 현명해진 머리와 젊은 신체를 동시에 가질 수 없다는 사실은 너무나도 안타깝다.

계속해서 증가하는 보험 추가금이라는 딜레마에 직면한 산드라와 켄은 '비용-수입' 분석을 했고 어떻게 하더라도 자신들에게 보험이 이득이 되지 않는다는 결론에 도달했다. 그때 그들에게 기가 막힌 생각이 떠올랐다. 산드라와 켄은 이 간단명료한 질문을 동시에 떠올렸다. '늙고 아플 때를 대비할 이유가 있을까? 젊고 건강한 삶을 유지하면서 정상적인 신체적 쇠약에 대해 계획을 하는 건 어떨까?'

산드라와 켄은 기초 의료 계획에 맞추어 보험 추가금을 낮춤으로써 돈을 절약했다. 그리고 둘이 똑같은 자전거를 구입했다. 그들은 일반 자전거가 주는 즐거움도 있으면서 좀 더 도움이 되는 사이클링이 이 시점에서 자신들에게 더 좋다는 사실과 이미 구입한 일반 자전거가 성능이 더 좋은 사이클로 교환 가능하다는 점을 알게 되었다. 그들은 일요 아침 운동을 10km에서 20km로 늘렸고 이런 방법으로 서서히 100km까지 늘려나갔다.

산드라와 켄의 목표는 다리의 힘이 요구되는 160km 산을 8시간 내로 완주하는 것이었다. 일 년 후에 그들은 동일한 코스를 6시간에 완주했고 그 다음 해에는 더 좋고 빠른 자전거로 5시간 30분이라는 기록으로 종전 기록을 깨뜨렸다. 이런 변화가 중요하냐고? 질문할 필요조차 없다.

둘 다 이렇게 건강한 적은 없었고 인생에 도사리고 있는 도전은 위협조차 되지 않았다. 게다가 놓칠 수 없는 중요한 사실은 그들의 노동 능률이 눈에 띄게 증가했다는 점이다. 그들의 삶에 완전히 새로운 차원의 문제를 가져다 준 건강보험을 정비하기 위해 시작한 간단한 운동으로부터 일어난 변화였다. 봐라, 이 부부는 삶을 돌려받았다! 그 과정에는 매우 재미있고 아이러니한 맞물림이 있었다. 유지비가 하늘 높이 치솟는 바람에 켄은 회사에 자전거를 타고 나간다. 인생 최고의 몸매를 유지하고 있어서 뿐만 아니라 이제 사무실 앞에 주차되어 있는 세금 공제가 되는 회사 자전거가 있기 때문이다. 산드라와 켄의 인생은 계속해서 나아지고 있다. 요점을 콕 집어서 말하자면 그들은 더 이상 뒤를 돌아보지 않고 눈앞에 펼쳐져 있는 긴 길을 쳐다보는 기쁨을 기대하고 있다.

필자들이 이야기하고 있는 것을 잘 보여줄 예가 하나 더 있다.

도널드가 증가하는 스트레스 수치로 인해 진찰을 받고 있었다. 그의 나이는 60세. 그는 자신의 전문의에게 굉장히 간단한 메시지를 받았다.

"자신을 가지고 선생님께 말씀드리는데 몇 년 동안 얻기 위해 노력한 것을 순식간에 손에 쥘 수 있습니다."

도널드는 잠시 동안 자신이 생각했던 것만큼 상황이 나쁘지 않을지도 모른다는 생각을 했다. 전문의는 말을 이어 나갔다.

"스트레스 치수가 굉장히 높지만 걱정하지 마세요. 느끼지 못하실 거예요. 일 분 내로 모든 것이 끝납니다. 선생님 같은 환자를 만나본 적이 있어요. 인생의 속도를 줄이고 균형을 맞추라고 이야기하는 것은 소용없으니 계속 살던 대로 사세요. 끝이 멀지 않았어요. 곧 다가와요. 내일일지도 모르죠."

의사는 간호사를 불렀다. 이 말은 도널드에게 필요한 충격 요법인 셈이었다. 그는 항상 페루에 가서 '마추픽추'를 보고 싶어 했고 지난 10년 동안 마추픽추 사진을 책상 위에 올려놓았다. 마추픽추를 보는 것이 은퇴를 했을 때 가장 첫 번째로 할 일이었다.

마추픽추는 안데스의 사라져버린 전설적인 도시로 세계적으로 가장 유명한 고고학 유적지 중 한 곳이다. 잉카 사람들이 건설한 곳으로 너무나도 아름다운 산을 끼고 자리 잡았으며 해발 2,133m가 넘는 높이로 열대 우림 가운데에 있다. 평방 8km로 1400년대 중반에 건설되었고 사제들과 웅

장한 신전을 갖춘 1,000명의 보금자리였다. 마추픽추는 잉카제국의 가장 놀라운 도시 건축이다.

도널드는 다음 달 일정까지 모두 취소하고 친구 그렉과 함께 페루로 여행을 떠났다. 도널드가 가장 먼저 알아차린 사실은 그토록 추구하던 삶의 균형은 물론 유머 감각까지 돌아왔다는 것이다. 그러한 사실을 깨닫자 몸 안에서 활력이 솟아오르는 것 같았다.

산기슭에 도착하자 등산화로 갈아 신고 길을 떠났다. 고산병은 완전히 새로운 경험이었다. 처음에는 기대하지 않았지만 코코아 잎 혼합물을 씹고 페퍼민트 같은 풀의 냄새를 맡는 것이 도움이 되는 것 같았다.

도널드는 잉카 사람들이 건설한 몇 세기나 오래된 휴식소 방문 등 생각지도 못했던 경험을 했다. 돌로 된 허브 정원으로 빙 둘러 있는 마추픽추에서는 장려한 계곡이 내다보였다. 잉카 사람들은 노동에 대한 열정이 있었기 때문에 병과 죽음을 다루는 방법을 확실히 알고 있었다. 그러나 가장 주목해야 할 사실은 잉카 사람들에게 은퇴라는 것은 없었다는 점이다. 한 달 동안 휴가를 다녀온 도널드의 인생은 전과 같지 않았다.

도널드의 의사처럼 똑똑한 사람을 의사로 두는 것이 운이 좋은 건지는 잘 모르겠지만 우리는 경고 사인을 읽을 수 있다. 어쨌든 도널드는 60세에서 50세로 거꾸로 나이를 먹고 있는 듯한 기분이었다.

변화를 주기 위해 지구를 반 바퀴를 돌아서 산에 올라갈 필요는 없다. 취향에 맞는 모임에 가입해서 폭넓은 범위의 사람들과 섞여 할 수 있는 활동에 참여하라. 전염병과도 같은 부정적인 사람들을 피하고 긍정적인 마음가짐을 유지하라. 컵에 물이 반쯤 담겨져 있는 것을 보면 물이 반밖에 남지 않았다고 생각하는 사람들보다는 물이 반이나 남았다고 생각하는 사람들과 함께하라.

네 번째 단계 : 자신에게 끊임없이 도전 과제 던져 주기

활기찬 인생의 다음 단계를 준비하기 위해서는 당신의 한계와 시야를 늘려가면서 새로운 도전을 받아들이고 위기를 감수하라. 신발을 벗어던지고 '인생'이라고 불리는 거대한 공원에 맨발로 들어서라. 우리가 언급했던 모든 사람이 시행했던 방법이고 모두에게 도움이 되었다. 사람들이 "그래도 위험 부담이 있을 수 있잖아요"라고 말하는 것을 들은 적이 있을 것이다. 그러나 우리들 대부분이 숨을 쉬고 있다. 우리가 숨 쉬는 것을 멈춰야 한다고 주장하는 사람에 대해서는 들어본 적이 없다. 이 말은 우리가 휘발유보다 포장된 물 한 병을 더 비싼 돈을 주고 구입하도록 납득되었다는 것이다. 마케팅은 참으로 멋진 일이다. 아랍 국가에 모래를 팔거나 에스키모 족에게 얼음을 파는 일은 슈퍼 세일즈맨의 표상이 되었지만 안전한 물이 나오는 수도꼭지를 가진 사람들에게 너무 비싼 가격의 물을 포장해 판다는 것은 말이 안 되는 일이다. 이런 것들이 '인지가 현실이다'라는 논쟁을 다시 한 번 불러일으키는 예시다.

다섯 번째 단계 : 현명하게 계획하기

유효기간이 정해져 있지 않은 직업을 구하는 계획을 세우기 시작하라. 이 계획에 신경을 곤두세워라. 지금 하고 있는 일과 가고 있는 방향에 대한 남들의 냉소적이고 가혹한 눈길도 감수해야 한다. 삶의 속도가 빠르지 않다면 일을 늘려야 한다. 재교육을 받아야 할 필요가 있다면 즉시 실행에 옮기고 계속 진전이 있는 일로 만들어라. 인생의 전환점을 매끈하게 연결하여 일상생활의 연장선이 되게 하라.

유용한 팁을 한 가지 더 알려주겠다. 이에 대한 답은 자신의 얼굴을 응시하는 것일지도 모른다. 주위의 친구들을 보라. 무슨 일을 하고 있나? 어떤 것이 친구들에게 가능했는지 보고 자신에게 적용 가능한 친구들의 선례를 따르라.

중국 속담 중 이런 말이 있다. '금을 찾고 있다면 이미 금을 찾은 사람에게 물어라.' 무엇인가를 찾고 있는 사람에게 방법을 묻는 것은 아무 소용이 없다. 그들이 당신보다 더 알고 있는 것은 없기 때문이다.

이 점을 명심하기 바란다. 세상은 자신들의 삶도 아직 아수라장인데도 당신을 위한 최선책이 무엇인지 알고 있다고 큰소리를 내는 컨설턴트와 고문들로 넘쳐난다. 물론 대부분의 경우 그들이 찾는 것은 당신의 금이다. 그들이 하는 일이라고는 금에서 당신을 멀리 떨어뜨려 놓는 것이다. 만약 재정 상담가나 컨설턴트를 만나게 된다면 제일 먼저 이렇게 질문하라.

"당신의 재정 상태에 대해 알려 주십시오. 당신은 성공하셨나요? 당신은 부자이신가요?"

우리는 손무의 저서 《손자병법》에 나와 있는 조언을 따라야 한다. 손무가 책에서 말하길 '외국의 영토에 가려면 안내자를 데리고 가라'라고 했다. 모든 성공의 비밀은 경험을 통해 정답을 알고 있다고 증명된 사람들에게 조언을 얻는 것이다. 같은 영역에서 성공을 거둔 사람이 당신이 목적을 성취할 수 있도록 도와줄 수 있는 전략을 가진 사람이다.

모든 육감을 곤두세워라. 아무도 모르는 영역의 미로를 헤쳐 나갈 수 있는 힘은 직관이다. 변화를 받아들여라. 변화시킬 수 없는 일이 있다면 그 또한 받아들여라. 지나간 좋은 시절에 연연하지 말고 오늘을 위해 열심히 뛰어라.

여섯 번째 단계 : 항상 미소 짓기

가장 마지막 단계는 사소하지만 매우 중대한 것이다. 어떤 일을 할지 결정했든 어떤 상황에서도 유머 감각을 잃지 마라. 유머는 육체적 건강을 찾아준다. 신이 인간에게 이성적인 뇌를 잠재우기 위해 유머 감각을 주셨다는 말도 있다. 긴장되고 어려운 상황을 줄일 수 있는 확실한 방법은 유머 감각을 발산하는 것이다. 스스로 웃을 수 있는 능력이 있다면 인생은 훨씬 쉬워질 것이다. 웃음이 만병통치약이라는 말도 있지 않은가!

자, 필자들은 모든 전략을 알려주었다. 이 전략들을 개인의 계획과 꿈에 알맞게 적용하는 일은 당신의 몫이다. 우리는 본능적으로 살아남기 위해 살아가도록 태어났다는 점을 기억하라. 마음을 편히 갖고 직관에게 모든 것을 맡겨라. 당신은 자신이 누구인지 알고 있다. 남의 입을 통해 자신의 이야기를 듣지 말라.

- 부채가 0% 상태가 될 수 있는 계획을 세우고 필요 없는 물건은 구입하지 말라.

- 좋은 관계를 형성하고 다져라.

- 개인 건강 관리에 유의하라.

- 자기 자신에게 끊임없이 도전 과제를 던져 주어라.

- 현명하게 한 발 앞서서 계획하라.

- 어떤 상황에서도 유머 감각을 잃지 말라.

꿈을 현실로 만드는 건 당신의 몫이다

얼마나 자주 스스로에게 '~하면 좋겠는데'라는 질문을 던지는가?

- 시간이 있으면 좋겠는데.

- 복권에 당첨되면 좋겠는데.

- 아이들이 재정적으로 안정된 환경에서 자랐으면 좋겠는데.

- 모든 것을 감당할 수 있다면 좋겠는데.

이것이 바로 은퇴라는 비즈니스에 완전히 눈이 멀어버린 사람들이 흔히 꿈꾸는 전형적인 공상이다. '~하면 좋겠는데'라는 말은 꿈과 관련이 있다. 아리스토텔레스에서 지그문트 프로이트에 이르기까지 많은 사람이 우리가 꿈을 꾸는 이유를 이론화시켰다. 하지만 그 이유에 대해 자세히 알고 있는 사람은 아무도 없다. 그래도 우리는 가능성이 있을 것 같은 꿈을 꾸는 것을 좋아한다.

계획과 전략이 함께한다면 꿈은 현실이 된다

우리가 깨어있을 때면 수억 개의 뇌세포가 일상생활은 물론 피의 순환, 호흡 등을 지속하고 필요한 모든 신체 기능을 원활하게 하기 위해 움직인다. 꿈은 우리가 자는 동안 이 모든 기능을 충족시켜주기 위해 뇌세포가 운동하는 것이라고 여겨지고 있다. 꿈은 완료되지 않은 일과 하루의 걱정을 반영하는 것이라고도 믿어지고 있다.

프로이트는 꿈이란 우리의 숨겨진 욕망을 표출한다는 믿음을 가지고 있었다. 반면, 다른 사람들은 꿈이 우리가 하루 종일 얻은 끝없는 정보의 나열을 저장하거나 버리는 과정이라고 생각했다. 무엇이 사실인지는 알 턱이 없다.

공상은 이와 다르다. 공상은 뇌의 창조적인 부분이 우리가 하고 싶은 일의 시나리오를 상상하는 것과 관련이 있다. 가장 흔한 공상이 사랑이나 욕정과 관련되어 있다는 것은 언급할 필요도 없이 모두 잘 알고 있는 사실이다. 그러나 공상은 굉장히 중요하다. 우리가 위시리스트를 작성할 수 있도록 도와주기 때문이다. 물론 함정도 있다. 바라는 것을 너무 자주 손에 넣을 경우 바람은 위험한 게임이 될 수 있다.

공상은 반드시 긍정적이고 보상 받는 미래에 관한 꿈이어야 한다. 우리는 이런 공상을 제어된 역할극의 형태로 '적극적인 명상'이라 부른다. 필요한 것을 머릿속에 그려보고 성취할 수 있는 방법에 대해 생각할 수 있는 기회이기 때문이다. 당신은 꿈의 줄거리를 써나갈 수 있고 줄거리에 따라 연기를 펼칠 수도 있다. 실행에 옮길 수도 있다. 처음에는 마음속에서만 연기를 펼치겠지만 그 다음에는 현실에서 꿈을 펼칠 수 있다. 이것이 바로 꿈을 실현시킬 수 있는 비책이다. 긍정적인 명상은 우리가 원하는 것과 그것을 성취하는 방법을 계획하는 데 도움이 된다.

심사숙고한 계획과 전략이 함께한다면 꿈은 현실이 될 수 있다. 단번에 성공하지 않는다면 줄거리를 바꿔 다시 한 번 연기를 펼쳐라. 이때 선택에 도움을 주는 내면의 목소리가 표출되어야 한다. 후퇴하는 느낌이 들거나 부정적인 의미가 담긴 공상은 당장 중단하라. 오직 전진만이 있어야 하며 언제나 긍정적이어야 한다. 공상에 관한 이런 규칙을 세우면 빠른 시일 내에 꿈이 현실이 될 것이다.

운동선수들은 이를 '시각화'라고 표현한다. 그 사람들은 경주나 경기를 준비하면서 발걸음 하나하나를 머릿속에 그리며 긍정적인 결과를 도모한다. 이런 것을 실제로 옮기기 위해 높이뛰기 선수는 도약을 할 준비를 한다. 이는 우리 인생에도 동일하게 적용된다.

물론 공상과 환상을 혼동하지 않도록 조심해야 한다. 공상의 목적은 꿈을 실현하기 위함이기 때문에 공상은 진전인 일인 셈이다. 원한다면 이를 전략 구성의 과정이라고 생각하라.

복잡한 마음 상태 때문에 일이 하기 싫다 해도 일을 해야 한다. 돈을 위해서라도 그렇게 해야 한다. 진짜 신기루 같은 것은 정부에서 주는 도움의 손길을 기다리는 일이다. '사회복지'나 '사회 안전' 같은 용어는 이제 역사에 기록될 개념일 뿐이다. 관대한 사람들은 불확실한 미래에 주목하는 반면 현실론자들과 현실주의자들은 노년 인구를 위한 정부의 보살핌은 쓸모없는 것이라고 받아들인다. 이미 우리가 봤듯이 대부분의 국가는 넘쳐나는 노년 인구를 부양할 젊은 사람이 부족하기 때문에 일어날 수 있는 문제들에 대처할 준비가 거의 되어 있지 않다.

전 세계의 많은 경제학자는 세금으로는 이 문제를 해결할 수 없을 것이라고 말할 것이다. 베이비 붐 시대에 태어난 사람들은 운 좋게도 평생 이런 혜택을 누렸다. 그들의 부모들은 전후 세계에 번창했으며 선택하는 것을 모두 얻을 수 있다는 것을 믿었을 뿐만 아니라 실제로 보여준 세대였다.

언제나 꿈꾸는 삶을 살라

자유로운 사랑과 여성의 해방을 가져다 준 피임약을 개발한 사람들이 있다. 전쟁이 아닌 사랑을 만들어낸 항거 세대, "아무것도 신경 쓰지 말고 그냥 항의하세요!"라고 외치던 세대가 있었다. 아무 걱정할 필요 없는 눈에 띄게 번성한 경제 시대에 태어난 사람들이었다. 소비자 중심주의는 그들 삶의 방식이었다. 이들은 단순히 부모 세대가 꿈꾸던 세탁기와 전화기만을 소유한 것이 아니라 자동차와 자택을 가졌다. 그들은 원하는 것을 손에 넣었다. 이들이 바로 '자기중심' 세대이며 이러한 그들의 수적인 중요성 때문에 기술에서부터 섹스와 청바지 착용에 이르기까지 전반적으로 모든 것에 관한 베이비 붐 세대의 태도가 연구기관과 대학과 유명한 칼럼니스트 등에 의해 조사되었다.

어떤 전문가들은 베이비 붐 세대가 죽을 때까지 마음만은 10대일 것이라는 의견을 내놓았다. 그러나 베이비 붐 세대가 하나의 거대한 노력화 집단에 속한다는 이론의 가설은 흥미롭다.

베이비 붐 세대는 어린아이의 부모로부터 할아버지, 할머니 심지어는 고조부모까지 넓은 범위로 펼쳐져 있다. 이들은 굉장히 성공하고 부유하거나 혹은 자신이 선택한 삶의 방식에서 그냥 성공했을지도 모른다. 한 가지 분명한 점은 우리 사회와 경제 시스템이 이들에게 일을 그만두고 은퇴하라고 여전히 요구하고 있지만 정작 본인들은 늙지 않겠다는 굳은 결심으로 똘똘 뭉쳐 있다는 사실이다. 아직도 마라톤을 완주하고 헬스클럽에 다니지만 은퇴할 나이가 지나버려 사무직을 그만둬야 한다는 말을 듣는 사람들이 가질 혼란에 대해 생각해보라. 아마도 광란의 상태일 것이다. 영리한 마케팅 담당자와 광고주는 60대가 되는 베이비 붐 세대에게 물건을 팔기 위해서는 마치 그들이 30대인 것처럼 30대와 동일한 방식으로 제품을 팔아야 한다는 사실을 깨달았다. 정말 아이러니한 상황이 아닐 수 없다.

베이비 붐 세대는 성장하기를 거부하고 그냥 나이만 들어가는 세대이며 자신들만의 시각으로 새집과 차, 휴가를 위해 빚을 내며 살아가는 세대이다. 이제 베이비 붐 세대는 은퇴를 해야 한다는 이야기를 듣고 있다. 이때 대부분의 경우, 행복하게 누리고 있는 만족스러운 삶을 스스로 유지할 수 있는 자원이 미래에는 없다는 사실에 깜짝 놀란다.

어디서 들어 본 이야기인 것 같지 않나? 이미 임금과 관련해 자산 조사를 거쳐 지급되는 연금을 받기 전 68세까지 일하는 영국 사람들을 위한 계획이 진행 중이다. 이는 전 세계 정치인들이 내거는 약속이기도 하다. 이런 정치인들의 공약은 교묘하게 그들을 투표함 앞에서는 아량이 넓은 사람들처럼 보이게 만든다. 실상은 '재정 상태가 뒷받침해 주어야 함'이라는 문구가 딸려 있는 '회피책'일 뿐인데 말이다. 머리가 모자란 사람이라도 이런 일이 일어나지 않는다는 것을 잘 알고 있다.

우리와 같은 베이비 붐 세대는 스스로 자신을 챙겨야 하는 책임이 있다. 그 사실을 반드시 받아들여야 한다. 우리의 부모 세대는 가장 위대한 세대로 널리 알려져 있으며 두 곳에서 연금을 보장받았다. 그것은 바로 보통의 경우 평생을 함께한 '고용주'와 '정부'이다.

우리도 가장 위대한 세대가 될 수도 있었겠지만 최고의 교육을 받은 사람들은 한 가지 일을 평생 붙잡고 있을 생각이 없을 것이다. 우리는 멋과 기회, 즐거움, 돈이 이끄는 곳이라면 어디든지 간다.

마이크와 마리는 영구적인 은퇴자가 될 현실적인 위험에 처해 있었다. 둘 다 일을 그만두고 자녀와 손자들이 사는 집과 가까운 곳에 작은 집을 구입했다. 종말이 다가왔다. 새로운 집에서 마이크와 마리는 아기 봐주는 사람보다 약간 더 좋은 취급을 받을 뿐이었다. 마이크와 마리가 근본적인 의문을 품기 전까지 상황은 최악으로 치닫고 있었다. 포기해야 할 이유가 있었을까? 활기로 넘치는 다른 동네로 이사를 가서 새로운 도전을 시작하는 건 어떨까?

마이크와 마리는 멋진 산이 보이고 가족들이 모두 놀러와도 묵을 수 있는 큰 집을 구입했다. 그런데 가족들이 없을 때는 그 넓은 집이 그다지 좋게 느껴지지 않았다. 마이크와 마리는 고민 끝에 아침 식사 제공 민박집인 '베드 앤 블랙퍼스트'라는 간판을 내걸었다. 얼마 지나지 않아 손님이 찾아왔고, 그렇게 손님은 하나둘 늘어갔다. 더 많은 사람에게 '베드 앤 블랙퍼스트'를 소개하기 위해 웹사이트도 제작했다. 숙박을 하면서 행복했고 만족스러웠던 손님들의 입소문을 통해 예약이 끊이지 않았다. 마이크는 손님들이 가까운 호수에서 낚시를 즐길 수 있도록 소형 배도 구입했다.

이제 마이크와 마리의 사업은 너무 바빠서 가족들도 방문을 할 때 묵을 방이 있는지 확실히 하기 위해 예약을 할 정도였다. 마이크와 마리는 60대 후반이지만 그들의 인생 중 이처럼 젊어 보일 때도 없었다. 인생을 돌려받았을 뿐만 아니라 목적이 있는 삶을 다시 가졌고 새로이 거처를 옮긴 공동체에서도 중요한 인물이 되었다. 마이크와 마리는 아이나 집 보는 사람으로서가 아닌, 자기들 자신과 제공해야 하는 서비스로 인해 사회가 요구하는 존재가 되었다. 벌써 이를 기념하기 위해 모든 일에서 벗어나 해외여행을 가자는 이야기가 오고 가고 있지만 여행은 잠시 뿐이다. 자신들이 있

마이크와 마리는 어떠한 정확한 때는 없다는 것을 명확하게 몸소 보여
주었다. 이미 포기했다 하더라도 심호흡을 하고 다시 시작하라.

경고의 말을 한마디만 하고 넘어가겠다. 새로운 사업의 기회나 그 밖에
기회, 이와 관련된 다른 것들을 찾고 있는 중이라면 고문이나 컨설턴트가 아
닌 길잡이를 찾아야 한다는 것을 기억하라. 타인의 꿈을 위해 금융 자산을
축내지 말라. 새로운 기회에 도전할 찰나라면 이 점을 확실히 하라.

- 빚은 지지 말 것

- 장기간 혹은 법적 무책임 구절이 있는 임대차 계약이나 계약을 맺지 말 것

- 현재 가지고 있는 기술을 바탕으로 운영할 수 있는 사업을 고집할 것

- 일이 잘 풀리지 않을 경우 손을 뗄 수 있는지 확인할 것

- 사업 자본을 만들기 위해 집을 저당잡히지 말 것

- 스트레스와 절망이 아닌 재미와 이익을 얻기 위해 사업에 뛰어든다는 사실을
  명심할 것

- 손해가 예상된다면 잃을 준비가 된 만큼의 손해만 볼 것

우리가 중심을 두고 살아야 하는 곳과 그 방법은 재정적 부분이 아닌
철학적 결정이라는 점을 마음에 새기는 것도 도움이 된다. 생활양식의 이유

를 들어 살 곳을 선택하라. 왜냐하면 그곳이 바로 돈을 벌 수 있을지 없을지에 대한 가능성이 아닌, 자신이 있기를 원하는 곳이기 때문이다. 금전적인 이익은 있는 그대로 생각해야만 한다. 보너스일 뿐이라고.

사회적이자 재정상의 사다리 위로 계속 올라가기 위해 집을 팔려는 사람들이 많다. 현재 살고 있는 집의 대출금을 감당할 수 있는 상태가 되면 바로 더 크고 멋진 집을 구입하기 위해 눈에 불을 켠다. 물론 대출도 더 받아야 한다. 다른 말로 바꿔보자면, 다시 런닝머신에 올라 제자리에서 속도만 높여 열심히 뛰고 있는 상황이다.

돈은 언제나 뜨거운 감자이다. 전 세계적으로 현재 저녁 식탁에서 가장 대두되고 있는 질문은 바로 이것이다.

"은퇴를 대비해 얼마나 더 저금해야 합니까?"

얼마나 필요한지는 잊어라. 대부분의 사람은 부채액을 감한 실제로 쓸 수 있는 소득의 1% 이하를 저금하고 있다. 정말 냉혹한 현실이 아닐 수 없다. 이는 전 세계 어디에서나 마찬가지다.

전 세계 수억만 인구가 은행 잔고도 없이 '은퇴' 표시를 내걸기 직전이다. 사회보장 수표가 문 앞에 턱 하니 떨어지기를 기도하면서 말이다. 사람들은 괴로움에 끙끙거리는 사회보장제도가 어떻게 해서든지 당신이 죽을 때까지는 마법처럼 지속되기를 은근히 기대하며 희망을 걸고 있다.

필자들은 당신이 그런 사람들과 같은 부류가 아니기를 바란다. 이것이 바로 수많은 사람이 '만약 ~한다면'이라는 주문을 외우면서 더 나은 삶을 꿈꾸며 살아가지만 정작 가장 중대한 사실을 포착하는 데는 실패하는 이유다.

- 위시리스트를 작성할 때 공상을 이용하라.

- 남은 여생 동안 금전적 책임을 져야 한다는 사실을 받아들여라.

- 변화하기에 늦은 때란 절대 존재하지 않는다.

- 도저히 믿기지 않는 일이라면 아마도 믿을 수 없는 일일 것이다.

- 언제나 꿈꾸는 삶을 살아라.

당신이 없는 미래는 존재하지 않는다

2010년에는 미국 노동 인구의 1/3가량이 50세가 넘을 것으로 전망된다. 이런 현상은 두렵게도 개발도상국에서도 마찬가지다.

젊은 노동 인구 비율의 감소로 평판이 좋고 오랫동안 일한 경력과 책임감을 갖춘 노동자들이 모든 고용주의 핵심 사업 전략이 되고 있다.

일을 계속하는 것은 실질적인 선택이다

전 세계 어디에 있는 회사든 세계 경쟁의 자리에서 살아남으려면 나이

든 일꾼을 사로잡는 법을 배워야 한다. 영국에서는 고용주 중 60%가 사업 성장의 걸림돌이 경력직 혹은 적임자의 부재라고 생각한다. 영국 내 절반 이상의 회사가 필요한 직원을 구하지 못해 곤경에 처해 있다. 이는 전 세계적인 문제가 될 조짐을 보이는 현상이다.

수만 명의 베이비 붐 세대가 60대가 되어가고 있는 가운데 우리는 해답을 기다리고 있다. 지금 당장 경제를 살리기 위해 모든 지혜와 지식, 기술을 자본화할 수 있는 방법을 찾아야 한다. 그러면 당신은 당신을 위한 미래가 있는지에 대한 걱정을 떨쳐버릴 수 있다. 당신이 없는 미래는 없다는 게 현실이다.

한 은행이 실시한 조사에 의하면 조사 대상의 60%가 은퇴한 후에도 전일제든 시간제든 같은 업계에서 계속 일하기를 원했다. 그러나 놀라운 사실이 뒤에 숨어 있었다. 질문을 더 해보니 계속 일하기를 원하는 욕망은 온전히 필요에 의한 것이었다. 질문에 답을 한 사람들은 계속 일하기를 '원한 것'이 아니라 계속 일을 할 '필요'가 있다고 생각한 것이다. 설문에 참여한 상당수의 사람은 여전히 50대나 60대 초반에 은퇴를 하기를 원했지만 돈이 필요하기 때문에 어떤 형태로든지 고용 상태가 유지되기를 원했다.

설문 참여자들은 조사원에게 정신적인 자극과 의미 있는 일을 하기를 원한다는 소망을 털어 놓았지만 그 아래에는 돈이 계속 필요했기 때문에 계속 일할 필요가 있다는 사실이 깔려 있었다.

20년밖에 남지 않는 2030년쯤에는 미국 내 100살이 넘은 사람이 32만 4천 명이 될 것이라는 전망이 나왔다. 이는 세금 징수원의 예측치로 오늘날

100살 이상인 인구는 431% 늘어났다. 이는 미국 내에서만 국한되는 문제가 아니다. 장수는 전 세계적 현상이 되어 가고 있다. 우리는 이처럼 현명하고 강하고 건강한 상태로 장수한 적이 없었지만 아직도 55세에서 65세 사이에 일을 그만둘 생각을 부분적으로 받아들이고 있다.

노년 인구를 부양할 능력이 있는 경제는 거의 없다. 단기적 부양 혹은 중기적 부양조차도 없다. 그러나 노년 인구가 은퇴를 받아들이지 않고 계속 일을 한다면 일어날 변화를 머릿속에 그려보자. 이런 변화는 국고의 부담을 줄여줄 뿐만 아니라 엄청나게 늘어날 노동력에서 창출되는 생산력의 향상에서부터 세금 수령액의 증가에까지 전반적으로 긍정적인 효과를 가져다준다. 이것이 '윈윈(win-win) 전략'이 아니면 무엇이겠는가?

너무나도 간단한 일이다. 이 우울한 통계는 저쪽에 치워두고 긍정적인 소식에만 집중하자. 수많은 고용주가 나이 든 혹은 선임 노동자가 소중한 자산이 될 수 있다는 사실을 깨닫기 시작했다는 소식을.

당신의 환상적인 자산을 썩히지 말라

당신을 자랑스러운 자산으로 만드는 것은 단지 당신이 가지고 있는 지식과 경험, 기술이 아니라 이전 세대보다 더 나은 건강 상태에 있다는 사실이다. 당신은 20년, 심지어는 30년 전에 가졌던 동일한 정력과 추진력을 지니고 있다. 이런 환상적인 자산을 도대체 왜 썩히려고 하는가?

이제 일을 계속하는 것은 실질적인 선택이다. 우리가 살펴봤던 것처럼 많은 경제 사회에서 일을 계속하는 것은 필수가 되고 있는 게 사실이다. 당신이 제공할 수 있는 다양한 장점으로 인해 인생에서 제일 많은 러브콜을 받을 것이다.

우리는 선조들보다 훨씬 더 오래 일을 할 수 있는 최첨단 세상에 살고 있다. 더 이상 은퇴를 해야 한다는 논쟁을 받아들여야 할 필요가 없어졌다. 알아서 균형이 맞도록 내버려두어라. 일을 계속하겠다는 결정을 내리면 진짜 힘 있는 지위에 오를 수 있다. 전 세계에 은퇴의 나이를 넘겨서도 일을 하는 사람들로 구성된 새로운 시대를 수식하는 단어로는 '경험 있는', '더 현명한', '훨씬 생산적인' 등이 있다.

사회의 주변부에서 한때 경제적 짐으로 퇴거됐던 사람들이 사회의 자산으로 되돌아오고 있다. 그들이 이야기하고 있는 주제는 바로 당신이다. 당신은 이제 은퇴 대열의 방해거리가 아닌 성장할 만한 주요 자산으로 인정받고 있다. 그러니 공을 집어 골대를 향해 달려라.

나이 든 전문 인력이 이의 없이 손쉽게 받아들여졌다는 사실을 알아차렸는가? 사실 나이가 많을수록 더 많이 안다는 전제하에 때로는 나이가 많은 것이 좋을 때가 있다.

이 모든 경력자와 현명한 일꾼들이 경제 활동 전선에 남을 필요가 있다는 것뿐만 아니라 '나이 든 사람들'도 최고의 건강 상태와 직업윤리를 가지고 있다는 것을 사회도 점점 받아들이고 있다. 게다가 거의 눈에 띄지 않는 보청기구와 기억을 증진시키는 약물까지 나와 있다. 70대 그리고 그 이상을 넘겨서도 제대로 일을 하는 베이비 붐 세대를 말릴 방법이 없다.

베이비 붐 세대가 60대에 들어서면 뒤따라 치고 올라오는 세대가 견딜 수 없는 존재로 몰락한다는 종말의 시나리오는 베이비 붐 세대가 은퇴라는 허튼소리를 무시하고 자신의 삶을 영위한다면 현실화되지 않을 것이다. 이러한 결과에는 두드러진 의견 변화가 수반된다.

다양한 조사에서 나이 든 노동 인구가 의사소통에 더 능하며 50대 이상이 다른 연령대보다 인터넷을 빨리 장악한다는 데 의견을 일치시킨다. 나이 든 노동 인력은 매우 놀랍게도 같이 늙어가고 있는 소비자들에게 훨씬 더 적합할 수 있다. 젊은 고용인보다 병가도 덜 내고 겉으로 보기에도 훨씬 더 성실하다. 외향적으로 활력이 넘쳐 보이는 젊은 인력으로 나이 든 고용인을 대신하는 것은 비용이 절약되는 일이 아니며 반드시 생산적인 것도 아니다. 젊은 고용인들은 실수만 빨리 저지를 뿐이다.

세계가 어떻게 될지 살펴보려면 멀리 찾아 헤맬 것도 없이 2010년에 노동력의 40%가 45세 이상이 되는 영국의 경우를 보면 된다. 2010년에는 영국 전체 노동 인구의 1/5이 55세 이상이 될 것이며 이미 회사는 숙련 부족의 문제를 보고하기 시작했다. 이에 대한 해결책은 무엇일까? 미숙한 젊은 사람을 고용하든지 나이 든 고용인들에게 계속해서 일을 맡기면서 재교육시키는 방법이다. 나이 든 사람들은 귀중한 경험치를 이용할 수도 있으며 젊은 직원들의 멘토 역할을 할 수 있다는 점도 명심하라. 빠른 시간 안에 앞으로 다가올 일이니 대비하고 있자.

그 누구도 나이 든 노동 인력을 무시할 수 없다

훌륭한 인력과 고용자의 요구는 소중한 인적 자원을 유지하고 매료시키기 위해 주 5일제와 휴가 기간 등을 포함한 중요한 양보 조건을 만들어내고 있다.

사실을 연구하고 예측하는 전문가들에 의하면 숙련된 사람들의 주요한 경쟁과 더불어 미 고용 상태는 개발도상국가에서 낮은 비율로 남아야 한다고 한다. 그 누구도 숙련되고 나이 든 노동 인력을 무시할 수 없을 것이다.

아직까지 이런 다급한 요구에도 불구하고 수명이 늘어난 미국인들은 예전보다 더 일찍 은퇴를 하고 있다. 지난 60년 동안 남녀 평균 수명은 3~4년 늘어났지만 은퇴 평균 나이는 3년 빨라진 62세가 되었다.

이것은 정말 심각한 문제다. 이것은 30년 내에 미국 인구의 20%가 65세 이상이 될 것을 의미한다. 베이비 붐 세대가 대거 은퇴 연령이 되었을 때 노동 인구 대 은퇴 인구 비율은 3 : 1이 될 것이다.

아직은 깨닫지 못했지만 당신을 정말로 필요로 하는 사람이 있다는 것을 증명하는 자료를 보여주겠다.

앨런 그린스펜은 80의 나이에 미국 연방 준비 은행장 직을 내놓았다. 나이 든 노동 인구가 경제 번영에 중대한 역할을 할 수 있을 것이라 예상한 그린스펜은 워싱턴에서 자신의 경제 컨설팅 사업을 시작했다. 그는 베이비 붐 세대가 사회보장에서 제공하는 은퇴 보조 지급을 주장하기 시작하자 현재의 세액으로는 지급이 불가능할 것이라는 경고를 한 인물이다. 그는 자신의 예상을 '후년에 늘어만 가는 이자 지급에 커다란 적자를 가져다 주는 지지할 수 없는 격동'이라고 표현했다. 이에 대한 결과로 경제에 '불안정한 결과'가 있을 것이라 했다. 이는 기차 충돌을 느린 속도로 보는 것과 비슷한 상황일 것이다.

메시지는 명확하다. 비록 조금씩이기는 하지만 상황이 반전되기 시작했다. 점점 더 많은 회사가 현재 같이 일하고 있는 노동 인구를 생산적으로 유지하는 데 미래가 걸렸다는 사실을 깨달은 것이다. 현재 노동 인력을 대체하기 위해 뒤따라 오는 대체 인력이 줄어들었다. 우리 경제의 미래와 삶의 기준은 한때 '퇴직자'로 간주되었던 사람들에게 점점 의존하고 있다.

그러나 일을 지속할 수 있게 된 것을 당연하게 받아들이는 사람은 아무도 없다. 채택한 기술로 발전을 도모함으로써 이 문제점을 해결하려는 회사가 있을 것이다. 인력의 축소가 전체 시장 규모의 축소를 의미한다며 단순히 긴축 상태에 들어가는 회사도 있을 것이다. 어떤 회사는 값싼 노동력을 이용하기 위해 제3세계에서 사업을 시작할 것이다.

고용주들의 해결되지 않은 고민거리는 점점 나이 들어가는 인력의 건강이다. 그들이 원하는 최후의 시나리오는 엄청난 보험 증서에 깔리거나 병가로 자리를 떠나는 인력에 거대한 바람이 부는 것이다. 해결책은 아마도 시간제 직원을 고용하는 것에 있을 것이고 이에 대한 해명거리도 있다. 건강 관련 비용과 휴가, 과잉 비용에 대해 걱정할 필요 없이 고용주들이 정말 당신을 원한다면 월급을 더 줄 수 있고 더 지불해야 한다.

그러나(언제나 '그러나'라는 반대가 붙는다.) 고용주들은 단지 똑똑한 인력이 아닌 적합하고 건강한 사람들을 찾을 것이다. 당신이 고용주라면 과연 어떤 사람과 함께 일하기를 원하겠는가? 고용주들은 당신의 머릿속에 떠오르는 그런 이미지의 사람을 찾고 있다.

평균 수명도 늘어나고 더 건강하고 부유하게 살아가고 있기 때문에 65세 이상인 베이비 붐 세대의 75%가 본인이 아직도 몸매를 잘 유지하고 있다고 생각한다. 좋은 기분을 느끼는 것은 마음의 문제이다. '나이 먹은'이라는 말은 우리가 누리고 있는 의료 기술의 질과 식이요법, 운동 방식에 의해 새로 정의된다. 우리는 우리가 살고 있는 방식으로 인해 나이를 더 빨리 먹고 있다. 삶의 방식을 더 나은 것으로 바꿔 천천히 늙어 가자.

돈과 관련된 이야기와 더불어 우리는 '생활 주기'가 단어 그대로의 뜻을 지니고 있다는 점을 각인할 필요가 있다. 생활은 주기를 가지고 돌아간다. 우리의 인생에 '은퇴라는 헛소리, 나그네쥐들이 이곳에서 뛰어내렸음'이라는 경고가 붙은 벼랑 끝은 존재하지 않는다.

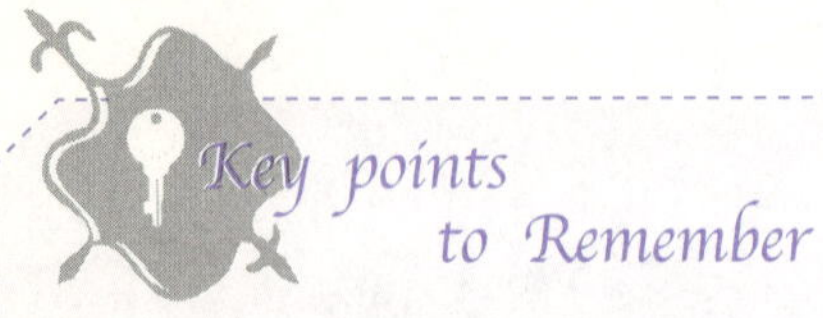

- 당신 없이는 미래도 없다. 당신은 점점 더 가치를 더해 가는 자산이다.

- 베이비 붐 세대가 일을 계속한다면 중요하고 긍정적인 경제 효과가 있을 것이다.

- 은퇴를 할 나이를 넘긴 노동 인력은 경험이 풍부하고 현명하며 생산력이 높은 일꾼이다.

- 나이 든 노동 인구를 대체할 값싸고 생산적인 수단은 더 이상 존재하지 않는다.

Part 13

부(富)란 결국 무엇인가

부는 모든 자산의 합이다. 자산에 넣을 수 있는 것은 다음과 같다.

- 정신적 · 육체적 건강

- 관계

- 지혜

- 지식

- 경험

- 자산, 동산, 현금

선택권이 많을수록 더 많은 것을 누릴 수 있다

진정한 자산에는 물질적인 소유물뿐만 아니라 정신적·육체적 건강도 포함된다는 사실을 인지하는 것이 중요하다. 일단 정신적·육체적 건강이 관리가 되면 그 다음으로 가장 중요한 일은 리스트에 올라와 있는 '관계'이다. 관계는 당신을 생기 있고 행복하게 만들어주고 때로는 인생의 주도권을 쥘 수 있게 도와준다. 이것은 매우 중요한 요소다. 관계란 당신의 삶을 기쁨과 만족, 충만으로 가득 채워줄 수 있는 친구, 일, 공동체와의 연결고리를 말한다. 정신적·육체적 건강 상태를 유지하기 위해서는 다양하고 다채로운 관계도 유지할 필요가 있다.

관계를 유지하는 것은 쉬운 일이 아니다. 엄청난 시간 투자를 요하는 일이다. 어떤 방식이더라도 충만하고 만족스러운 삶을 추구하기 위해서는 물질적 자산뿐 아니라 자산의 모든 영역에 투자할 필요가 있다. 결국 자산으로 인해 우리에게 선택권이 생긴다. 힘의 가장 큰 원천은 선택권이다. 선택권이 많을수록 더 많은 지배력과 주도권을 가질 수 있다. 이 모든 선택권을 활용할 수 있는 좋은 상태가 뇌수술로 인한 것이 아님을 확신하라.

우리가 항상 주의해야 할 몇 가지

현명하게 먹고 운동하고 숙면을 취하라. 수면 부족의 결과인 피로는 생체리듬을 뒤흔들어 그보다 더 심각한 건강 문제를 일으킨다. 우리가 일하는 방법도 건강 문제와 관련이 있다. 회의실, 응급실, 공장 바닥에서도 문제가 발생할 수 있다.

충분한 수면은 건강한 식이요법, 정기적인 운동요법과 더불어 중요한 요소로 인식되고 있다. 불충분한 수면은 우리가 하는 모든 일에 영향을 미친다. 또한 의사결정을 하는 데 있어 판단력을 흐리고 순간적으로 반응해야 하는 행동과 순발력을 저하시킨다. 또한 기억력과 공동 작업, 분위기에도 영향을 미친다. 수면 연구가들이 매일 신체가 필요로 하는 충분한 수면 시간을 지키지 못할 경우 '수면 빚'이 쌓인다고 말하는 것은 결코 근거 없는 이야기가 아니다.

수면 부족은 해외여행을 할 때 시간대의 변경과도 연관이 있다. 일반적으로 '시차증(jetlag)'이라고 알려진 시차로 인한 피로는 24시간 주기 리듬 현상으로 피로의 형태로 나타난다. 그러니 굳이 시차 체험을 하기 위해 집을 떠날 필요는 없다.

24시간 주기 생체시계는 우리의 뇌에서 '파충류 수준'일 정도로 동물적으로 굉장히 정확하게 째깍거리고 있다. 생체시계는 우리가 늪에서 처음으로 기어 나왔을 때부터 모든 생리 심리 기능을 조정하면서 정확하게 흐르며 우리의 수면과 활동 패턴과 체온, 호르몬, 행동, 기분, 소화 및 다른 많은 인체 기능을 조정한다.

24시 주기 시계가 새로운 스케줄이나 시간대로 옮겨진다면 그에 맞게 조정이 되긴 하지만 생리 심리적 적응을 하기 위해서는 며칠에서 몇 주가 걸릴지도 모른다. 우리는 그 영향에 쉽게 넘어가기 쉽다. 생체시계는 낮에서 밤으로 넘어가고 다시 낮으로 넘어가는 시간 변화에 따라 끊임없는 재조정의 상태에 놓일 수 있다.

최근 발표된 의학 연구는 또 다른 중요한 현상에 주목한다. 체온의 24시간 주기 리듬은 썰물과 밀물처럼 주기적인 조수의 리듬을 가지고 살 것이다. 매일 밤낮으로 하루 두 번 3시와 5시 사이에 가장 낮은 체온을 기록한다. 그때는 가장 졸린 시간대이며 가장 참기 힘든 순간이다.

1993년 8월 18일, 아메리칸 인터내셔널 에어웨이의 더글라스 DC8 화물 수송기가 쿠바의 관타나모만의 활주로에 살짝 미치지 못하고 충돌했다. 화물기에 탑승하고 있던 승무원 3명은 심각한 부상을 입었지만 목숨을 겨우 부지했고 비행기는 파괴됐다. 사건 조사원들은 충돌의 원인을 극심한 피로에 돌렸다. 피로가 사고를 불러일으킨 것이 사실이었다. 피곤함을 느낀 승무원이 착륙 직전에 다른 활주로로 변경을 하자는 결정을 내린 것이다. 비행 기록 장치에는 "특별한 이유는 없지만 한번 해보지"라는 기장의 말이 녹음되어 있었다. 1등 항해사는 "알겠습니다"라고 대답한 반면 항공기관사는 아무 말도 하지 않았다.

위의 사건은 몇 시에 발생한 것일까? 24시간 주기에서 휴식 시간 중 중간 시간인 오후 4시 4분 전이었다. 뒤돌아보면 비행 사고의 75%가 조종사의 피로와 관련이 있다.

거대 유조선인 엑손 발데즈가 침몰한 일이 있었다. 전 세계 언론은 술취한 선장 때문에 사고가 일어났다며 격분했다. 결국 선장에게 잘못이 있는 것으로 밝혀졌지만 사람들의 예상과는 달리 선장이 직접적인 원인은 아니었다. 선장은 술에 취하기는 했지만 사고가 난 시간에는 자신의 침실에 있었다. 배를 몬 사람은 3등 항해사였다. 그는 사고 발생 전날 잠을 얼마 자지 않은 상태였다. 사고 조사단은 비극적인 기름 유출이 피로의 결과였다고 확신했다. 선장이 고주망태라 배를 몰 수 없었던 것이 총이었다면 '피로'가 방아쇠였던 것이다.

그렇다면 잠을 얼마나 자야 하는 걸까? 일반적으로 6시간에서 10시간의 수면을 취해야 한다. 잠을 2시간 정도 부족하게 자는 것도 경계 상태와 행동에 치명적인 하락을 초래할 수 있다.

어떻게 하면 어떤 사람이 잠을 충분히 자지 않았다는 것을 파악할 수 있을까? 우선 충분한 수면을 취하지 않은 사람들은 긍정적인 감정보다는 부정적인 감정을 더 많이 나타낸다. 졸음은 카페인을 섭취하거나 신체 활동을 하거나 재미있는 대화 같은 자극적인 환경을 조성하면 참을 수 있다. 따라서 상대방이 하품을 하면 피곤한 상태이거나 자신이 지루한 사람이라는 점을 알 수 있다.

12시간에서 13시간을 쉬지 않고 일하면서도 능률을 낼 수 있다는 관리자들의 생각은 옳지 않다. 의사결정의 질은 적절한 휴식을 취할 때 극적으로 향상된다. 식이요법과 운동의 중요성에 대해서는 알고 있으면서 수면이나 휴식에 대한 중요성은 아직도 모르고 있다는 건 아이러니한 일이다.

우리는 수면이 소중한 노동 시간을 허비하는 것이 아니라 일을 더 잘하면서 훨씬 효과적으로 할 수 있도록 도와준다는 사실을 받아들여야 한다. 문제는 사람들은 종종 일 중독자가 되어 수면을 피한다는 것이다. 더 바빠질수록 오히려 대면하기 싫은 문제를 거론할 시간은 점점 적어진다. 필자들의 말을 믿어라. 어떤 경우에라도 잠을 자지 않고 열정을 불태우는 것보다는 문제를 직면하는 것이 훨씬 더 낫다.

몸이 필요로 하는 적당한 시간의 수면을 취하면 변화가 느껴질 것이다. 생산성은 물론 삶의 질 역시 높아질 것이다.

토를 달 필요가 있을까? 수면을 취하고 건강을 유지하라. 수면 장애가 있다면 조치를 취해야 한다. 의사를 만나거나 수면 전문가에게 문의하라. 중년에 이르게 되면 평소의 수면 패턴이 방해되는 신체적인 원인이 생길 수도 있다. 신체가 불면이라는 새로운 수면 패턴에 익숙해지도록 내버려두지 말라. 신체는 한 번 익숙해지면 벗어나기 힘드니 충분한 수면을 취할 수 있도록 전문가의 도움을 받아라.

또한 뇌를 항상 활발하게 사용하라. 그렇지 않으면 우울해질 수 있다. 긍정적인 자세를 가진 활기차고 활동적인 사람들 사이에 있으면 우울할 틈이 없다.

'활발한'이라는 단어가 딱이다. 몸과 마음을 활발하게 유지하는 것이 목적이 되어야 할 것이다. 우리는 이미 적극적인 마음이 우리에게 가져다 주는 이득을 살펴보았다. 뇌 운동을 열심히 하면 우리는 계속해서 즐거운 기분을 느낄 것이다.

나이 든 사람들은 과거 경험에만 의존하고 젊은이들의 지적 기준은 크게 신경 쓰지 않는 경향이 있다. 노골적으로 확실히 경고하겠다. 당신은 지금 위험을 무릅쓰고 게으른 생각에 빠져 있다. 쓰지 않으면 녹슨다는 원칙은 다른 일에 적용되듯이 당신의 마음에도 적용된다. 성생활 역시 유지하라. 성생활은 당신에게 유용할 뿐만 아니라 나아가 좋은 피부를 가질 수 있는 최고의 방법이다.

약도 멀리 하라. 술도 적정량을 정해 마셔라. 담배는 굳이 말을 하지 않아도 알 것이다. 이런 말은 듣기 싫지만 옳은 소리라는 것을 알고 있지 않은가. 오랜 시간 동안 암 연구가들은 최고의 암 예방법이 '금연'이라고 목소리를 높여 왔다. 그러니 반드시 담배도 끊어야 한다.

최장수 비율을 자랑하는 사르디니아 섬사람들과 그리스도 재림론자, 일본 오키나와 주민들을 조사했다. 장수의 비결은 다양했지만 공통적인 5가지가 있었다.

- 담배를 피우지 않는다.

- 가족을 최우선으로 여긴다.

- 활동적이다.

- 사회적 관계를 유지한다.

- 신선한 과일과 야채, 통 곡물 빵을 섭취한다.

스트레스 역시 문제가 된다. 스트레스를 피할 수 있도록 도와주는 산업도 생겨났다. 하지만 스트레스를 피할 수 있는 방법은 없다. 그나마 좋은 소식은 불행한 스트레스만 있는 것이 아니라 행복한 스트레스도 있다는 것이다. 우선 우리는 불행한 스트레스와 행복한 스트레스를 구분하는 법을 배워야 한다.

평정을 유지함으로써 스트레스를 최소화할 수 있다. 대부분의 스트레스는 무기력을 느끼는 것과 관련이 있다. 생각하는 것만으로도 침울해지는 경우가 많다. 그러니 평정을 유지하라. 감당할 수 없는 상황에 휘말리지 말라. 상황에서 벗어나는 방법과 적극적으로 아무 일도 하지 않는 법을 배워라. 다른 사람이 채울 수 있는 빈 공간을 남겨 둔다면 이에 따른 결과에 기뻐할 것이다. 무슨 일을 할지 모르기 때문에 단순히 아무것도 하지 않는 경우는 아니지만 종종 아무 일도 하지 않는 경우가 타당하고 굉장히 효과적일 때도 있다. 인상적인 역사적 전례를 원한다면 정확한 정치 전략을 기반으로 봤을 때 가장 정치적으로 정통하고 유능한 영국 군주 중 한 명인 엘리자베스 1세 여왕이 있다. 충동적인 반응은 금물이다. 두 손을 내려놓고 무슨 일이 일어나는지 지켜보라. 엘리자베스 1세는 그런 자세로 유명했으며 이는 반대편들의 화를 돋우어 불평하게 만드는 효과를 낳았다.

마지막으로 식이요법에 대해 말하겠다. 식이요법에 관한 책이 새로운 출판 사업이 되고 있는 실정이다. 이런 종류의 서적은 하나같이 동일한 결론에 이르고 있다. 채소를 먹지 않으면 전립선암이나 유방암에 걸릴 확률이 높아진다는 것이다. 붉은 육류를 지나치게 섭취한다면 암이나 비슷한 질병을 얻을 가능성이 높다. 지방이 많은 음식을 먹으면 심장마비나 발작이 일어나고 설탕이 함유된 음식을 많이 먹으면 비만이 될 수 있다. 따라서 건강한 음식을 섭취하며 올바른 식습관을 따르는 것이 중요하다.

사회에 몸을 숨기지 말라

모든 성공한 사업가들은 실패의 원인을 찾기보다는 손실을 받아들이고 발을 빼는 법을 알고 있다. 그들은 이렇게 행동하지 않으면 에너지와 돈을 동원해 자본을 쓰레기통에 버리는 것과 다르지 않다는 것을 알고 있다. 돌이킬 수 없는 일을 고치려는 노력에 괴로워하고 있는 사이에 잃어버린 이익을 내는 일들인 기회비용이 발생할 수도 있다.

이것이 인생이다. 뭔가 일이 잘 풀리지 않는다면 그냥 넘겨라. 반사회적인 모습을 보이라는 뜻은 아니다. 반사회적인 태도는 또 하나의 방해물이다. 사회에 몸을 숨기지 말라. 관계를 유지하고 한데 어울려라. 한순간도 쉽다고 생각하면 안 된다. 친구와 가족들 중 당신을 떠나는 사람이 하나둘 생겨날 것이다. 아니, 이미 떠난 사람이 있을 수도 있다. 그러니 새로운 친구를 만들어라. 좋았던 옛 시절을 추억하면서 죽을 날을 기다리는 지루한 노인 무리와 어울리라는 소리는 아니다. 전염병 같은 그런 부류는 피하라. 그 대신에 미래를 바라보면서 흥미로운 일을 하는 활기차고 적극적인 사람들과 교제하라.

최근에 자가용에 쏟은 돈이 얼마나 되는가? 집과 정원에 부은 돈은? 그렇다면 자기 자신과 건강을 위해 쓴 돈은 어느 정도인가? 즐거움과 휴식을 위해서는 얼마나 썼는가? 선택권을 잃기 전에 몸매와 건강을 유지하고 정신적으로 깨어 있어라.

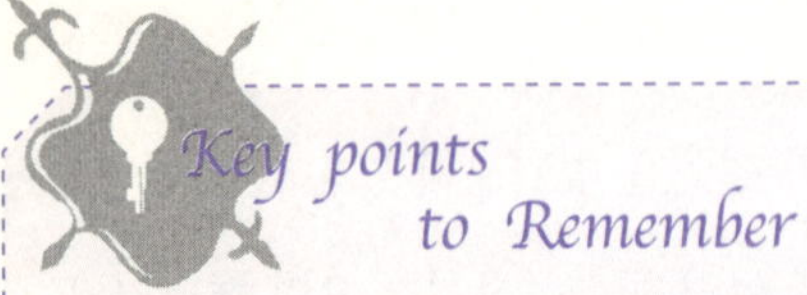

- 개인의 부에는 물질적인 자산만 포함되는 것이 아니다.

- 주식시장에 투자하듯이 육체적·정신적 건강에 정성스럽게 투자하라.

- 투자에 신경 쓰듯이 관계에도 신경을 써라.

- 현명하게 먹고, 자고, 운동하라.

- 좋은 스트레스와 나쁜 스트레스를 구분하는 방법을 배우고 자신의 한계를 파악하라.

- 감당할 수 없는 상황을 내버려 두고 떠날 때를 배워라.

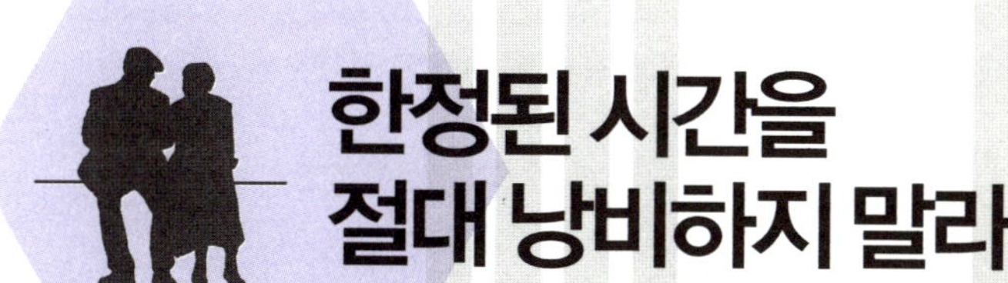

Part 14

한정된 시간을
절대 낭비하지 말라

우리가 제안하는 것들이 이론적으로만 가능한 것이라고 생각하는가?
절대 그렇지 않다.

삶의 방식을 스스로 결정하고 책임져라

금요일 점심, 식사를 하러 나온 인파가 훌륭한 음식과 세상에서 가장

아름다운 항구의 화려한 풍경을 즐기고 있었다. 데이빗은 시드니에서 페

유명한 개인 변호사인 잭과 식사를 함께하고 있었다. 둘은 즐겁게 대화를 나누었다.

잭에게는 꿈이 있었다. 그는 은퇴를 하면 쿠바에 가서 살고 싶었다. 데이빗은 잭에게 15분 동안 은퇴를 하지 않고서도 쿠바에서 생활을 할 수 있으며 오히려 이로운 것을 얻을 수 있다는 것을 설명했다. 그리고 '은퇴'라는 단어 자체를 머릿속에서 지워버리고 만약 은퇴를 하지 않는다면 어떤 일이 일어날지에 대해 생각해 볼 것을 권했다.

데이빗의 말을 들은 잭은 포크를 든 채 한참을 멍하니 앉아 있었다. 그렇게 생각에 빠진 잭은 깨달음을 얻었다. 그의 인생이 바뀌는 순간이었다. 그 후 30분 동안 잭은 은퇴를 하지 않는 것이 자신에게 어떤 의미인지 열성적으로 떠들어댔다. 황량한 해변 같은 세상에서 더 이상 살 필요가 없었다. 잭은 무슨 일이든 실천에 옮길 참이었다.

잭은 사무실에 묶인 시니어 파트너가 되기를 계획하는 것 대신에 다방면에 경력을 쌓기 위한 새로운 기술의 폭을 늘리는 것에 대해 이야기를 했다.

잭은 어떤 한 분야에 편협하게 전문화되기보다는 고객들에게 '토털' 서비스를 제공하는 사업을 하고 싶었다. 따라서 일반적인 기술의 범위를 확장시켜야 했다. 잭은 오래된 기술을 재개함과 동시에 재교육과 새로운 기술 습득의 관점에서 생각을 시작할 필요가 있었다. 잭은 식사를 마친 후 쿠바 예약을 하기 위해 여행사로 향했다.

잭은 데이빗의 도움으로 이 책이 전달하고자 하는 메시지를 정확히 파악했다. 이 예화를 통해 우리가 해야 할 일은 머릿속에서 '은퇴(Retirement)'라는 말을 '책임(Responsibilty)'이라는 말로 교체하는 것이다.

책임은 은퇴의 해독제이다. 자신의 미래에 대한 책임을 당연한 일로 받아들인다면 삶에 새로운 의미가 생길 것이다. 삶의 방식을 스스로 결정하면서 책임을 져라.

친구들에게 미래에 대해 물어봐라. 친구들이 은퇴에 관해 언급하는 순간이 오면 미세하게 패배주의자의 어조를 띠는 목소리로 바뀌는 것을 발견할 수 있을 것이다. 아마도 사람들은 유쾌하고 지속 가능한 의미 있는 삶에 대해 이야기하는 것을 멈출 것이다. 제발 당신은 그렇게 되지 말라.

자신의 마음과 직관을 믿어라

한 발자국 뒤로 물러서서 지금 내가 무슨 일을 하고 있는지, 어느 위치에 서 있는지, 어디로 갈지 생각해보아라. '천 리 길도 한 걸음부터'라는 속담을 들어본 적이 있을 것이다. 첫 번째 발걸음을 떼기 위해 다음의 단계에 대해 생각해 보기 바란다.

- 첫 번째 단계 : 문제점을 인정하라. 일단 문제점을 인정하면 반은 완료된 것이다.

- 두 번째 단계 : 절대 은퇴를 하지 않을 것이라 다짐하라. 언젠가 어떤 일이든 하고 있을 것이다.

- **세 번째 단계** : 은퇴 후에 하겠다고 계획한 모든 일을 지금 바로 행하라. 어떤 일을 계획했는지는 중요하지 않다.

가장 중요한 것은 가야 할 곳이 어디인지 확인하는 것이다. 앞서 소개한 잭의 사례처럼 쿠바에 가든, 새로운 운동을 시작하든 당장 실천에 옮겨라. 당신의 삶이 바뀔 것이다. 다음에 하겠다고 미루면 결국에는 바꿀 수 있는 소중한 것들이 거의 남아 있지 않을지도 모른다.

애플 컴퓨터와 아이팟을 등에 맨 억만장자 사업가 스티브 잡스보다 이를 잘 보여주는 사람도 없다. 밑바닥에서부터 시작해 성공 신화를 일으킨 아메리칸 드림의 살아 있는 장본인인 스티브 잡스는 수많은 사람이 그랬듯이 암으로 생명의 불꽃이 사그라지고 있었을 때 깨달음의 길을 찾았다. 스티브 잡스는 자신이 얻은 지혜를 스탠퍼드 대학교 졸업생들과 나눈 적이 있다.

"시간은 한정되어 있습니다. 그러니 타인의 삶을 살면서 낭비하지 마십시오. 타인의 생각에 갇혀 사는 도그마의 함정에 빠지지 마십시오. 내면에 타인의 의견이 침투하는 것을 막으십시오. 가장 중요한 것은 자신의 마음과 직관을 따르는 용기를 갖는 것입니다."

최고의 선택을 할 힘을 가진 사람은 자신뿐이다.

- 책임감은 은퇴라는 독의 해독제이다.

- 절대 은퇴하지 않는다는 생각을 가져라. 어떤 일이든 항상 일을 할 것이다.

- 은퇴 후에 하려고 계획했던 모든 일을 지금 당장 실천하라.

- 타인의 삶을 살면서 한정된 시간을 허비하지 말라.

일어나는 일이 많을수록 선택의 폭이 넓어진다

자진해서 은퇴한 사람들이 쉽게 저지르는 실수 중 하나는 해변, 시골, 교외, 작은 동네 혹은 은퇴 마을로 이사를 가는 것이다.

은퇴 시설이 최선의 선택은 아니다

은퇴자들은 모든 것에서 벗어나기를 원한다. 전적으로 필요한 것이 아니라면 자녀가 쉽게 찾아오기 힘든 곳으로 이사를 가는 것을 계획하지 말라. 아마 자녀들은 당신을 잘 찾아오지 않을 것이다. 거처를 옮기는 것이 최고의 방법은 아니다.

은퇴 마을로의 이동도 고려하지 말라. 그럴싸하게 치장을 해놓았다 하더라도 은퇴 마을은 시설일 뿐이다. 조금 더 신중하기 위해 시설이라는 단어의 정의를 깊이 들여다 볼 필요가 있다. '단체 행동의 조직화된 패턴. 설립되어 문화의 필수 부분으로 널리 받아들여지고 있음' 과연 정말 그럴까?

이렇게까지 말해도 은퇴를 향한 하나의 준비 과정으로 은퇴 마을로의 이동을 기대에서 떨어뜨릴 수 없는가? 사람들이 은퇴 마을인 시설로 향하는 이유는 무엇일까? 그것은 바로 자기에게 빈틈없는 계획이 있다고 생각하기 때문이다. 가족이 함께 지내던 집을 팔고 소액의 이익을 챙길 수 있으며 집 관리에 들어가던 돈도 절약하고 여행도 자유롭게 다닐 수 있을 것이라 생각한다. 하지만 병원용 침대가 덩그렇게 놓여 있는 원룸으로 옮기게 되는 것이 현실이다. 한마디로 말해서 안전과 보호는 그들의 꿈일 뿐이다. 이에 대해 상세하게 설명하도록 하겠다.

일단 집을 팔면 은퇴 마을을 찾는 일이 상식적으로 뒤따른다. 우후죽순으로 은퇴 마을이 생성되고 있다. 광고를 통해 당신은 시설 안에서의 모든 일에 규칙이 있다는 것을 알게 될 것이다.

로버트와 메리는 매우 성공적인 사업을 일구었고 50대 중반에 평생 꿈꿔왔던 시골로의 은퇴 생활을 이루기로 결심했다. 부부는 자신들의 결정이 이상적인 미래상이라고 너무나도 확신했기 때문에 도시에 있는 집을 팔고 시골로 영구 이주를 결정했다.

첫 달은 꿈꿔왔던 그 자체였다. 잠과 골프, 수영, 테니스 그리고 다시 달콤한 잠으로 이어지는 멋진 쳇바퀴 생활이었다. 두 번째 달도 이때까지의 삶을 보상받는 기분이었다. 하지만 세 번째 달부터는 참신함이 사그라지기 시작했다. 한때는 성공적인 사회 이력을 쌓고 있었는데 이제는 그런 사람들을 부러워하면서 바라보고만 있는 신세가 되어버렸다.

다행히도 로버트와 메리 부부는 이런 위험성이 자신들을 완벽히 뒤덮기 전에 먼저 알아차린 현명한 사람들이었다. 부부는 고민 끝에 소규모 가구 제조업을 사들여 사업을 시작하고 사업을 확장시켰다. 현재 부부의 가구 사업은 해당 구역에서 가장 많은 고용인을 가지고 있는 전 세계 수출 사업이 되었다.

아직까지도 부부는 자신들이 은퇴라는 악몽에 얼마나 가까이 다가갔었는지 믿을 수가 없다. 부부는 75세의 나이에도 사업을 직접 운영하면서 수출 영역을 넓혀가고 있었다. 부부는 스스로를 안락사시키는 은퇴를 더 이상 원하지 않는다. 둘은 운 좋게도 '은퇴'라는 개념에서 벗어났고 예전보다 더욱 행복한 삶을 살 수 있게 되었다.

제발 필자들의 말을 오해하지 말라. 선택할 여지가 없는 사람들에게는 은퇴 시설이 최선의 선택일 수 있다. 이런 사람들은 자신이 속한 공동체에서 중대한 역할을 하고 있지만 모두를 위해 자동 선택된 사람은 되지 말아야 한다. 자의에 상관없이 자동적으로 선택되어 중대한 역할을 한다면 너무 많은 사람에게 노출될 수 있기 때문이다. 전성기를 누리기 전에 늙어버린 사람도 이에 포함된다.

모든 경우를 합리화하는 것은 너무나도 쉽다.

"마벨 고모는 은퇴 마을에서 훨씬 더 안전하실 거야. 길거리로 뛰쳐나가 헤매실 위험은 없겠지?"

이는 멋진 핑계거리다. 절대 일어나지 않을 일에 대한 염려는 건강하고 활발한 활동을 하는 여성을 시설에 넣기 위한 보기 좋은 구실이 될 뿐이다. 이런 상황에 처해 있는 이 세상의 모든 마벨 고모에게 보내는 우리의 메시지는 자신의 삶을 유지하고 은퇴 마을로의 이동은 반드시 그래야 하는 상황에서만 결단을 내리라는 것이다.

자신의 삶을 되찾고 인생을 즐겨라

지금 상태를 유지하고 실천을 하면서 행동과 수동적인 묵인의 차이점을 몸소 느껴라. 실천은 수동적인 태도의 완전한 반대 짝인 연루에 관한 것이다. 필자들의 말을 믿어라. 수동적인 자세는 죽음을 알리는 소리와 같다. 아무런 저항 없이 일어나는 모든 일을 받아들이는 행위이다. '수동적(passive)'이라는 단어는 어디에서 유래했을까? 라틴어에 'passivus'라는 단어가 있는데 '고통을 받아들이는'이라는 뜻으로 해석될 수 있다.

다시 한 번 말하겠다. 삶을 되찾고 즐겨라. 그렇지 않으면 스스로 초래한 결과에 고통 받게 될 수도 있다. 스스로 초래한 결과라고 하는 이유는 우리 모두에게 선택권이 있기 때문이다. 능동적인 태도를 접고 수동적으로 변하는 일은 심각한 결과를 초래한다. 이런 경우는 사람들이 스스로 선택해야 하는 성격의 일이다. 이런 실수를 하지 말라.

우리가 이 책에서 언급한 모든 말은 당신을 능동적인 저항의 길로 용기 있게 나아갈 수 있도록 인도하고 있다. 내면의 생존 메커니즘과 연결될 수 있고 목표를 향해 나아갈 수 있도록! 실천이 있는 삶에 머물면 인생도 지속될 수 있다. 인생은 늘 그랬던 것처럼 쉽게 예측할 수 없다. 이런 인생이 당신이 살아온 환경이자 평생 살기 위해 싸웠던 곳이다. 누가 무슨 말을 하든지 지금에 와서 발을 빼려고 하지 말라. 지금 서 있는 자리에서 자신만이 할 수 있는 일을 찾을 수 있다.

웨인의 예를 들어보도록 하겠다.

웨인은 책 집필을 시작했다. 정원도 손봤다. 세계 여행을 떠나기도 했다. 그 후 세상에서 가장 길고 새하얀 호화 리무진을 구입했다. 중고였기 때문에 많은 돈이 들지는 않았지만 꽤 그럴 듯해 보였다. 이 차는 칵테일 캐비닛을 포함해 완벽한 접대 시설을 갖추고 있었고 축구 팀 전원이 들어가도 될 정도로 공간이 넓었다. 웨인이 도시와 교외 가이드 투어를 원하는 관광객들을 모집하며 최고급 호텔 앞에 있는 모습이 포착되었다.

웨인의 전화기는 결혼식이나 특별한 외출을 꿈꾸는 사람들의 전화로 벨이 울리지 않는 날이 없었다. 간과하지 말아야 할 점은 사람들이 원한 것은 웨인이었다. 물론 리무진이 한몫 거들긴 했지만 웨인이 진정한 가치를 지니고 있는 핵심이었다.

작업 현장에서부터 이 사회에 이르기까지 다양한 사람과 함께하며 쌓은 평생의 경험은 손님이 어떤 말을 하든지 웨인은 대처할 수 있는 능력이 있었다. 웨인에게 문득 이런 생각이 떠올랐다. '나도 이런 일을 할 수 있는데 은퇴라는 구렁텅이에 빠진 사람들도 할 수 있지 않을까?'

이제 웨인에게는 리무진 군단이 있다. 리무진 운전기사들은 하나같이 모두들 은퇴할 나이가 넘은 사람들이다. 젊은 이용객들은 처음에 이전에 사회의 핵심적 역할을 했을 나이 지긋한 분들이 운전을 하는 것을 불편해 했다. 그러나 지금은 다르다. 웨인의 리무진 사업은 편리한 서비스로 탄탄한 이윤을 남기며 놀랍게 성공했을 뿐만 아니라 상당수의 운전기사는 통찰력 있는 사람들에게 사실상의 멘토가 되었다.

- 스트레스에서 멀리 떨어져야 한다.

- 돌아가고 있는 인생이 시끄럽고 미칠 것 같고 가끔씩 신경에 거슬릴 때도 있지만 활기에 가득 차 있기도 하다. 인생에서 도망치지 말라.

- 주위에서 일어나는 일이 많을수록 선택의 폭도 넓어진다.

- 자신의 삶을 되찾아라.

Part 16

우리를 죽이는 건 '일'이 아닌 '은퇴'다

우리는 은퇴자가 많은 곳을 방문할 때 활발하고 건강한 사람들이 극소수라는 사실에 끊임없이 놀란다. 그들 대부분은 사회생활을 했을 때보다 덜 활동적이다. 은퇴 마을에 살면서 자신들의 삶을 '은퇴'라고 표현하기보다는 '생활 방식'이라고 설명하는 상당한 차이점을 발견할 수 있다.

'은퇴 마을'이라는 이름이 가질 수 있는 효과에 놀라웠다. '오크 뷰 은퇴 마을'이 '오크 뷰 마을'로 명칭이 바뀌는 순간을 상상해보라. '밀사이드 은퇴 마을'보다는 '밀사이드 마을'이었다면 어땠을까? 자, 어떤 마을에 더 살고 싶은가? 은퇴 마을과 그냥 마을에 사는 것에 따라 당신의 삶이 얼마나 많이 달라질 수 있을까?

꿈, 말 그대로 꿈으로 그치지 않게 하라

당신은 은퇴한 사람들이 최대한 느린 속도로 걷는 것을 본 적이 있는 가? 신체적인 쇠퇴로 인해 그렇게 걷는 것이라고 생각하는가? 아니다. 그들은 갈 곳이 없기 때문에 시간을 지체하고자 그렇게 걷는 것이다.

많은 사람이 공감을 하면서도 자신에게는 이런 일이 벌어지지 않을 것이라고 생각한다. 다시 한 번 생각해보자. 앞으로 몇 시간 혹은 며칠, 몇 주일, 몇 년 동안 아무런 계획 없이 똑같은 의자에 앉아 있다는 생각을 해봐라. 이런 생각이 당신을 우울하게 만들지 않는다면 필자들은 당신에게 돈을 돌려줘야 할 것이다. 이 책이 당신에게 아무런 도움이 되고 있지 않는 것이 분명하니 말이다.

이제 좀 더 큰 공동체에 속해서 정규직 혹은 아르바이트를 계속하면서 인생을 즐기기 시작한 자신을 머릿속에 그려보자. 아마도 좀 더 당당한 자신의 모습이 그려질 것이다.

베이비 붐 세대의 대다수는 집을 팔고 더 작은 집을 산 후 그 차익으로 살아갈 수 있을 것이라고 생각한다. 이전에 주택 거품 가격이 사그라질 것이라는 짧은 소식이 있었다. 반드시 그래야만 한다. 현재 집 대출금을 갚으며 은퇴를 준비하고 있는 수천만 명이 파산과 곤란의 위험에 빠질 수 있다.

지난 세기말과 이번 세기 초에 전 세계적으로 선진국의 주택 비용 동요가 있었고 주택 가격은 50%까지 치솟았다. 곧바로 개발업자들이 덤벼들어 엄청난 건축 붐을 몰고 왔다.

어마어마한 돈이 투자되었고 자택 소유자들은 자신들이 거머쥔 행운에 기뻐하며 마치 내일은 없는 것처럼 자동차 판매장과 전자제품 가게, 여행사를 방문했다. 그 사람들은 부자였기 때문에 그러지 못할 이유가 없었다. 그들이 소유한 집이 얼마나 비쌌을지 생각해봐라!

세계경제는 혁신과 팽창, 생산성, 기업가 정신 혹은 창의적인 정부에 의해 이끌어지지 않았다. 세계경제를 이끈 장본인은 치솟는 집값과 빚이었다. 세계경제는 은행의 대풍년이었으며 여전히 그러하다.

왜 이런 일이 일어나고 있을까? 사실 명백한 이유는 없다. 유럽과 오스트랄라시아(오스트레일리아·뉴질랜드·뉴기니를 포함한 남태평양 대륙 제도 전체)의 일부에서는 더 나은 생활양식을 추구하기 위해 고국의 규제 혹은 빈곤을 피해 이민을 온 상당한 정치적, 경제적 이민 물결이 있었다. 몇몇 경우를 제외하고는 대부분 저임금을 받으며 근근이 살아가던 가난한 사람들이었다.

인플레이션이나 임금, 임대 비용은 최고 한도까지 오르지 않았다. 그후 투기 열풍이 몰려 왔고 역사와 시간이 우리에게 알려주듯 너무 많은 사람이 시류에 편승하자 거품이 터져버렸다. 늘 그렇듯이 이런 현상은 지불한 값어치를 하지 못하는 주택에 대출금을 부어야 하는 사람들의 마음을 쓰라리게 했다.

현재 살고 있는 집을 팔고 더 저렴한 집을 구입해 그 차익으로 살아가려고 생각했던 물질적으로 부유한 수백만의 베이비 붐 세대는 가장 최악의 상황에 직면했다. 은퇴 마을에 들어가고 은행에 돈을 쌓아두려 했던 이들의 꿈은 말 그래도 꿈으로 그칠 것이다.

예를 들어 오스트레일리아에서는 자택 소유자의 대부분이 이미 1인 가구이거나 편부, 편모 가정이다. 누가 베이비 붐 세대가 팔고 싶어 하는 커다란 주택을 구입하겠는가? 대가족은 서서히 줄어들고 있고 과거의 소유물이 되어가고 있다.

집값 상승은 사람들에게 부유하다는 느낌을 주지만 이는 허상일 뿐이다. 은행은 다른 꿍꿍이가 있다는 것을 명심하자. 은행에서는 소유 주택 가격이 오를수록 더 많은 돈을 기꺼이 빌려준다. 내일이라도 당장 좋은 가격에 집을 팔면 자신의 모든 문제를 해결할 수 있다는 희망을 품고 사람들은 돈을 빌린다.

하지만 현실은 다른 베이비 붐 세대도 같은 시기에 집을 내놓을 것이라는 거다. 중요한 것은 그들이 집을 팔고자 하는 대상은 결혼과 자녀, 자택 소유에 대해 완전히 다른 시각을 갖고 있는 세대라는 점이다.

그러니 누가 그 크고 방이 많은 가족용 집을 구입하려 하겠는가? 은퇴 인력을 보충하기 위해 외국에서 건너온 가난한 이민자들이 그 대상은 아닐 것이다. 우리는 자녀들의 자녀에게 기댈 수 없다. 우리와 달리 손자 세대는 자녀를 가질 생각 자체가 없어 보인다.

이런 현상은 이전에 거대한 규모로 발생했던 주택 가격 폭락 현상이 아니다. 1930년대 미국의 경우와 1980년대의 영국, 1990년대 일본의 상황을 떠올려봐라.

진짜 미친 부동산 시장을 보고 싶다면 아일랜드의 더블린 만한 곳이 없다. 그곳의 주택 가격은 연간 29% 상승했고 그 여세를 몰아 1990년대 후반에는 100%를 초과하여 상승했다. 상황은 극도로 고조되어 은행은 주택을 구입하는 사람의 잠재적 미래 소득과 부모의 보증을 바탕으로 돈을 빌려주기 시작했다.

고속으로 성장하며 영국의 1인당 소득을 능가하는 1인당 소득을 갖게 된 아일랜드의 경제에는 뜨거운 속도가 붙었고 '켈틱 타이거'라는 별명이 붙여졌다. 이런 경제 상황과 더불어 이주가 붐을 이루었다. 아일랜드 사람들은 떠나기 위해 줄을 서기보다는 고향으로 돌아오기 시작했다.

이런 상황에서 일어나기 쉬운 일은 중앙은행이 주택 시장의 가열을 막기 위해, 인플레이션을 잠재우기 위해 이자를 올리면서 시장에 개입하는 것이다. 그렇게 하지 않으면 수요와 공급의 기본 규칙은 표면화되고 가격은 조정되어 내려간다. 이제 친구들과 이웃들은 교외에 위치한 천국에 편입하기 위해 빌린 피눈물 나는 대출금 때문에 깊은 한숨을 내쉴 것이다.

1980년대에 영국의 주택 시장이 소유 주택 가치보다 더 많은 융자금을 보유한 사람들을 속출시키며 무너지기 전에 널리 알려진 부동산 농담이 있었다. 한 부부에게 집을 소개시켜준 부동산업자가 다음과 같이 말한다. "더 비싼 집을 보고 싶으시다면 내일 다시 찾아오세요. 이 집을 다시 보여드리겠습니다."

거품 경제가 귓가에서 터질 때에 이런 말은 더 이상 웃음거리를 선사하지 않는다. 현재의 부동산 붐은 1990년대 후반에 있었던 벤처기업의 몰락보다 훨씬 더 영향력이 있지만 벤처기업과 동일한 속도로 무너져버릴 가능성이 농후하다. 모두가 벤처기업의 주식을 소유하고 있던 것은 아니었지만 주택에 투자하는 것은 아이팟을 소유하는 것처럼 전 세계적인 유행이 되어 가고 있으니 논리를 문제 삼지 않을 수 없다.

진짜 삶을 살며 진짜 세상에 머물러라

좋은 소식은 인위적으로 폭등한 주택의 가치에 맞서 당신이 칼자루를 쥐고 있지 않거나 은퇴 후 필요한 돈을 만들기 위해 집을 팔지 않는다면 이런 문제가 모두 무의미하다는 사실이다. 게다가 은퇴할 마음이 없다면 전혀 상관없는 문제이다. 당신은 지금 살고 있는 집에서 계속 살아가면서 여생을 즐길 수 있다. 집을 팔아 그 이익을 젊고 수완 좋은 재정 전문가에게 맡기면 당신을 위해 투자를 대신해주고 미래를 보호해 줄 것이라고 유혹하는 광고에 자신을 내던지지 말자.

우리가 이 책에서 전달하고자 하는 메시지는 가장 기본적이면서 중요한 것이다. 아침에 일어나 당신의 자유 의지로 모든 일을 하는 이유와는 관계가 없다. 필자들은 당신에게 은퇴 마을이라는 덫을 피하라고 강력히 주장하고 있다.

반드시 당신의 인생을 변화시켜야 한다. 단, 은퇴를 선택하지는 말라. 세계 지도자들을 자세히 살펴보자. 어떻게 정치인들이 은퇴하기를 거부하는지 주목하라. 정치인들은 그 다음 선거를 한 번 더, 그 다음 임기를 한 번 더 지내기 위해 정치판에 몸을 담는다. 당신이 어디에 살고 있든지 너무 오랜 세월 동안 정치를 하고 있는 정치인을 떠올릴 수 있다. 한때 변화를 일으키기 위한 겁 없고 단호한 비전을 품어 추앙받던 사람들은 투표함 앞에서 대중들에게 최후의 굴욕을 당했다. 우리가 민주 투표를 하는 이유 중 하나는 오랫동안 정치를 하며 국민에게 봉사하기보다는 다스리려고 하는 사람들을 몰아내기 위해서다.

은퇴를 앞두고 있는 사람들은 매일매일 자신이 굴욕적 존재가 되어 쫓겨나지는 않을지 두려워 한다. 그러나 당신이 권력에 굶주린 정치인이 아니라면 당신과 이런 일은 전혀 상관이 없다. 앞에서 함께 살펴봤듯이 노년 시기에도 할 수 있는 가치 있고 지속적인 역할에 대한 인식이 날로 높아지고 있다.

무슨 일을 하든 격렬한 변화를 일으킬 필요는 없다

'선종'에서는 이렇게 말한다. "깨닫기 전에는 나무를 베고 물을 나르라. 깨닫고 나서도 나무를 베고 물을 나르라."

무슨 일을 하고 있는지 알면 격렬한 변화를 일으킬 필요는 없다. 로스앤젤레스의 한 신문 머리기사는 이런 사실을 참으로 잘 요약하고 있다.

'전설적인 아서 윈스턴, 짧은 은퇴 생활을 접고 100살의 나이로 사망하다.' 이것은 유명한 운동선수나 사업가, 변호사, 정치인에 대한 기사일까? 아니다. 아서 윈스턴은 로스앤젤레스에서 버스와 기차를 청소했다. 72년 동안 그는 단 한 차례 결근을 했다. 그날은 바로 그의 아내가 사망한 날이었다. 아서는 100살이 된 이후에 은퇴를 했다. 그는 사람이 최대한 오랫동안 활동적으로 살아야 한다는 점을 맹렬히 믿는 자기 자신을 '일만 하는 사람'이라고 표현했다.

'한곳에 너무 오래 머물면 굳어 버린다'라는 말이 있다. 신문이 그 말을 인용하여 다음과 같이 표현했다. '굳어 버렸다면 구실을 다한 것이다. 계속 일하라. 일하고 또 일하라.'

우리는 모두 아서 윈스턴처럼 전설적인 존재가 될 수는 없지만 우리의 존엄성을 지키며 계속해서 살아나갈 수 있다.

아직까지는 60대 후반 혹은 70대까지 일했다는 사람들의 이야기는 대부분 슬픔이 서려 있다. 이런 사람들은 일해야 하기 때문에 일을 하고 있으며 은퇴를 적절하게 대비하지 않았기 때문에 일해야만 하는 희생자로 그려지고 있다.

록계의 할아버지들인 '롤링 스톤즈'는 아직도 무대에 서고 있다. 그들은 세계에서 가장 혈기 왕성한 록밴드로 인정받고 있다. 그렇다면 그들은 돈이 필요해서 전 세계를 돌며 팬 군단을 흥분시키고 있는 것일까? 물론 아니다. 멤버 모두가 무대에 서는 것을 즐긴다. 이제 롤링 스톤즈 멤버들이 집에 돌아가 부인과 자녀, 손자들과 함께할 때가 된 것은 사실이지만 이들 모두 자신의 일을 사랑한다. 이들에게는 삶의 의욕을 느끼며 아침에 일어날 명쾌한 이유가 있다.

은퇴에 만족이라는 것이 있을까? 이 점이 점점 더 많은 고용주가 현재 근무하고 있는 사람들을 유지하며 나이 제한을 두지 않는 것이 젊은 인력을 고용해 교육시키는 것보다 더 효율적이라는 점을 깨달았다는 소식을 열광적으로 반가워해야 하는 이유이다. 젊은 인력이야 필요하면 언제든지 찾을 수 있지 않은가.

우리는 호락호락하지 않다. 많은 사람이 은퇴를 하지 않는 사람은 죽도록 일만 하고 사실상 연금을 모으지 않는다는 생각을 한다. 그러나 그것은 요점을 놓치고 있는 것이다. 이들을 죽이는 것은 일이 아닌 은퇴다.

필자들은 차고에 스포츠카를 주차시키고 집에서 성공적인 사업을 일궈가는 사람들이 사는 마을을 방문한 적이 있다. 우리는 그런 사람들에게 박수를 보내야 한다. 그들은 애완동물을 키우는 일이나 손자들을 보러 가는 문제를 안고 있는 은퇴의 숲을 이미 넘어섰기 때문이다.

요점은 그런 공동체로 이사를 가는 일은 당신이 이미 유령이 되었다는 사실을 체념했다는 신호를 보내는 것과 다름없다는 것이다. 그에 대한 답은 진짜 세상에 머무는 것이다. 은퇴를 눈과 마음에서 멀어지게 하라.

- 재정 달걀을 모두 '내 집 팔기' 바구니에 넣지 말자.

- 융자에서 자유로워지는 일을 최우선으로 삼자.

- 자신이 하는 일을 잘 알고 있다면 효과적인 변화를 일으키기 위해 과감할 필요는 없다.

- 일을 멈추는 것은 제구실을 다한 것이다. 100세가 넘어서 은퇴를 한 아서 윈스턴을 기억하라.

자신만의 인생 여정의 운전대를 잡아라

20년 동안 아놀드는 힐튼 호텔에서 살았다. 그곳은 출장이 잦은 사업가인 아놀드의 실질적인 거주지가 되었다. 호텔에 도착할 때마다 아놀드는 직원들로부터 "집에 오신 것을 환영합니다"라는 인사를 받았다. 아놀드에게 있어 힐튼 호텔은 집에서 멀리 떨어져 있을 때 사업용 주소가 되었고 곧 그 이상을 의미하게 되었다.

아놀드와 그의 아내 수는 삶이 죽음을 향해 가는 것이 아닌 삶 그 자체임을 실천하기 위해 노력하는 사람들이었다. 수는 하루하루 바쁜 일정을 소화하는 아놀드의 개인 비서이기도 했다. 둘은 훌륭한 팀을 이루었다.

두 사람 모두 여행에 관심이 많았다. 그래서 대부분의 사람이 인생을 포기하고 은퇴를 할 때 두 부부는 여행에 대한 열정을 직업으로 승화시켰다. 그들에게 은퇴란 존재하지 않았다. 부부는 삶에 집중했다. 부부는 직업을 포기하지 않았다. 대신에 사무실과 집을 포기했다.

부부는 여행을 하며 시간을 보내기로 결정했고 힐튼 호텔 체인과 엄청난 숙박비를 협상했다. 그들은 힐튼 호텔로 이사를 갔다. 그로 인해 세계에서 가장 좋은 호텔 중 한 곳인 힐튼 호텔의 장기 거주자가 되었다. 원하는 곳으로 여행을 가 언제나 힐튼 호텔에 머물렀다. 남들이 은퇴를 했을 시기에 그들은 즐겁게 일을 했다.

손가락만 까닥 하면 원하는 것을 모두 얻을 수 있었다. 일할 자유와 여행, 탐험, 서로의 동행에서 진정한 즐거움을 안겨주는 일들을 하는 것까지. 부부는 원하는 일을 하며 시간을 보냄과 동시에 인생도 마음껏 즐겼다.

'시간을 보냄'이라는 부분에 주목하라. 시간은 아놀드와 수 부부가 투자하고 재산의 한 부분으로 축적한 자산이다.

아마도 필자들의 생각이 바보같다고 느끼는 사람이 있을 것이다. 아놀드와 수가 절약한 목록을 살펴봐라. 손가락으로 하나하나 짚어 보며 자신의 경우는 어떤지 대입시켜 생각해보자.

- **세금**

- **보수 관리**

- 주택 보험

- 동산 보험

- 가구

- 주차료

- 법인 비용

- 전기

- 난방

- 전화 / 팩스 / 인터넷

- 수영장 관리 유지

- 청소

- 정원

- 헬스클럽 회원비

- 안전

게다가 이러한 엄청난 절약과 더불어 아놀드와 수 부부는 힐튼 호텔에서 살면서 다른 이익을 누렸다.

- 폼 나는 주소

- 친구, 가족, 고객, 사업 파트너를 즐겁게 해주는 빼어난 주변 환경

- 꿈꾸던 생활 방식

- 거주지와 함께 있는 헬스클럽

- 온수 수영과 온천욕

- 항상 활기차고 국제적인 도시에서의 삶

호텔로 이사를 가는 일은 일반적이지 않아 이상하게 들릴 수도 있을 것이다. 하지만 결국 이런 아이디어는 우리가 열망해오던 모든 것을 실현시켜줄 수 있다. 바로 자기 집을 소유하는 일. 우리는 자기 집을 소유하는 것을 안전에 대한 기본적이고 근본적인 요구를 채워주기 때문에 중요하게 여긴다.

우리의 인생은 리허설이 아닌 실제 상황이다

대부분의 사람은 가정이라는 개념을 '안전'이라는 단어와 결합시켜 생각한다. 가정이 느끼게 해주는 신체적 안전보다는 가족들과 함께한다는 사실이 훨씬 더 중요하다. 이 근본적 이유의 어두운 면은 장성한 자녀들이 나이 든 부모를 자신들의 '안전'을 위해 '가정'으로 몰아넣는 것을 정당화한다는 것에 있다.

인간은 위험을 본능적으로 피하며 안전과 생존을 추구하도록 만들어졌다. 스트레스가 극에 다다르면 우리의 신체는 자동적으로 아드레날린을 분출한다. 이는 즉각 우리의 신체를 '투쟁-도피 반응'의 상태로 만든다. 공격적으로 변해서 누군가를 공격하는가, 아니면 맞서기에는 큰 위험을 피해 도망을 가는가? 어떤 반응을 보이든 그 목적은 안전과 생존을 보존하기 위함이다.

우리는 이런 일이 실제로 일어날 일이 전혀 없는데도 불구하고 '가정 침략'을 두려워한다. 게다가 우리 모두 가난해지거나 은퇴 후 홀로 남겨지는 일을 가장 큰 두려움으로 알고 있다.

아놀드와 수 부부는 힐튼 호텔에서 거주함으로써 완벽하게 안전을 보장 받았다. 따라서 더 만족스럽게 행복한 시간을 보내는 것이다. 호텔에서는 누군가가 침략할 가능성이 거의 없다. 우리는 두 부부에게서 배워야 한다. 그런 후 우리 스스로의 삶에서 최고의 것을 얻기 위해 자신의 직관이 주는 조언을 받아들여야만 한다. 이 점을 기억하자. 우리의 인생은 리허설이 아닌 실제 상황이다.

자신의 미래에 의심을 품지 말라

자신의 미래에 대해 의심을 품는 일은 뭔가 잘못 돌아가고 있다는 자명한 증거이다. 의심은 우리의 우뇌가 '난 그렇게 생각하지 않는데'라고 말하기 때문에 생긴다. 그러니 자기 자신의 말에 귀를 기울여라. 당신보다 스스로에 대해 잘 아는 사람은 존재하지 않는다.

헤이든은 업계 최고의 자리에 있는 건축가이다. 그가 집을 디자인하면 부동산 거래인들은 서둘러 그 사실을 광고지에 실었다. 그것은 부동산 거래에서 중요한 작용을 했다. 대학 졸업을 앞둔 많은 학생들은 헤이든의 회사에서 일하는 것을 간절히 원했다. 그에게는 엄청나게 커진 사업체와

아내, 아이들, 여성지에 소개된 집이 있었다. 헤이든은 모든 것을 가진 사람이었다.

하지만 실상은 달랐다. 헤이든은 스스로를 그렇게 생각하지 않았다. 그는 현재 자신이 가지고 있는 능력을 넘어서야 한다는 심한 스트레스에 시달리고 있었다. 또한 타인이 주는 은퇴의 압박으로는 은퇴할 마음이 없었기 때문에 자신이 뭔가를 더 해야 한다고 생각했다.

필자들은 헤이든에게 이 책에 담긴 메시지를 전달했다. 그로 인해 헤이든은 한결 가벼워진 마음을 가질 수 있었다. 이제 헤이든은 매주 수요일은 휴식을 취하는 시간으로 정했다. 이 변화는 두 가지 효과를 가져다 주었다. 첫째, 헤이든은 은퇴라는 것에 자신만의 방식으로 다가가는 것에 만족감을 느꼈다. 그의 모습을 지켜보고 있던 동료들도 헤이든이 삶의 속도를 늦추는 것을 보고 행복해 했다. 둘째, 헤이든은 휴식을 통해 스트레스를 덜 받으면서 더 생산적으로 일할 수 있게 되었다. 충분한 수면과 정기적인 휴식이 너무나도 중요한 것임을 헤이든은 뒤늦게 깨달을 수 있었다.

헤이든은 사람들이 보통 은퇴를 해야 한다고 생각하는 나이를 지나 이미 5년을 더 일했으며 여전히 일을 멈출 생각이 없다.

그렇다고 힐튼 호텔에 전화를 할 필요는 없다. 당신이 지금 바로 할 일은 자신의 인생을 이끌어나가는 주체가 되는 것이다.

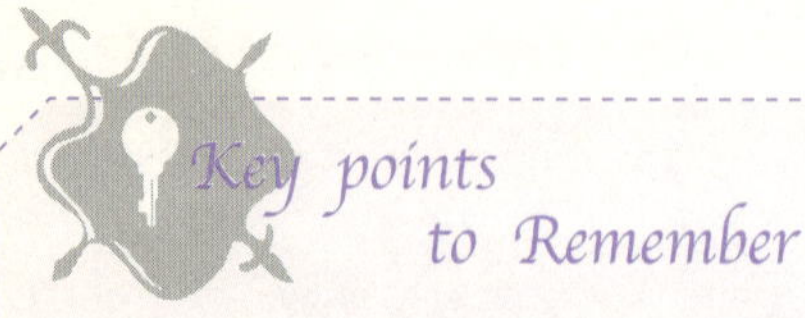

- 자신만의 사고에서 벗어나 생각하자.

- 시간은 중요한 자산이다. 현명하게 사용하자.

- 정기적인 휴식을 취하는 일은 신체적 · 정신적 안정에 중요한 역할을 한다.

- 직관을 따르라. 당신보다 자신에 대해 잘 아는 사람은 없다.

Part 18

'나이 들어감'이라는 덫에 빠지지 말라

썰매견인 시베리안 허스키는 어리고 예민할 때 자신이 가진 능력의 110%를 발휘하여 썰매를 끈다. 하지만 나이가 들면 에너지와 썰매를 끌고자 하는 욕구가 줄어든다. 그때부터 허스키는 어린 개에게 격려를 하며 천천히 썰매 옆을 걷는 수준, 심지어는 썰매 뒤를 졸졸 따라가는 수준으로까지 떨어진다. 그러나 주목해야 할 것은 허스키는 썰매를 끌지는 않을지언정 썰매 위에 앉는 일은 절대로 없다는 사실이다.

누군가가 끌어주기만을 기다리지 말라

그렇다면 도대체 왜 나이 든 사람은 여전히 최고 능력의 70%를 사용할 수 있는데도 갑자기 일을 멈추고 썰매 위에 올라타 젊은 세대가 썰매를 끌어주기만을 기대하는 것일까?

이런 불평이 전 세계에서 크고 선명하게 들리고 있다. 종종 공무원들에게서 가장 커다란 불평의 소리가 들려오고 있다. 최근 큰 병원의 CEO가 중장년층의 진료 비용에 대해 볼멘소리를 했다.

"아마 중장년층은 평생 세금을 납부했을 것이다. 그들은 자신들이 미끄러지거나 넘어지면 우리가 지팡이를 줄 것이라고 생각했을 것이다. 이제 중장년층은 시대에 앞선 대체물을 원하고 있다. 하지만 우리는 감당할 능력이 전혀 없다!"

그들은 이런 움직임의 1/4(어떤 국가에서는 1/3)이 인생의 마지막 순간을 보내고 있는 사람들에게 나타난다는 점을 강조한다. 이런 모든 현상은 엄청난 자원 손실이다. 유감스럽게도 이런 견해가 전 세계에서 지지를 얻고 있다. 그렇다. 당신은 세금을 냈지만 당신이 낸 세금은 모두 소비되었다. 여담이지만 그 세금의 대부분은 현재 고령 인구 치료의 무용에 대해 논하고 있는 관료들의 임금으로 사용되었다.

이런 예는 우리가 이야기하고 있는 모든 것에 대한 보충이다. 시베리안 허스키처럼 계속 일하며 아무에게도 의지하지 말라. 자기 자신을 돌보라. 절벽 아래에서 구출되기만을 기다리는 상황은 만들지 말라. 그런 상황에 대해 투덜거리지도 말라. 결정을 할 수 있는 사람은 오직 당신뿐이다. 다른 사람이 대신해서 당신을 위해 결정을 내리게 하지 말라.

'나이 들어감'이라는 덫에 빠지기는 너무나도 쉽다. 당신 주변에는 뼈가 아프다, 정맥에 이상이 있다, 팔이 약해졌다 등 끊임없이 불평을 늘어놓는 투덜이가 있을 것이다. 그런 사람들은 전성기가 오기 전에 이미 늙어 버린 요령이 없는 사람들이다. 이들은 롤링 스톤즈 공연장 같은 장소에 가서 젊음을 되찾아보려는 쓸데없는 노력을 한 다음 엄청난 인파와 밀고 밀치는 일 등에 대해 불평을 늘어놓는 사람들이다.

필자들의 메시지를 정확히 받아들인 사람은 자신의 나이에 대해서 절대로 같은 말을 되풀이하지 않는다. 그런 일은 은퇴할 날만을 기다리며 사무실에 처박혀 일하던 과거에 모두 끝내버렸다.

이것이 문제다. 은퇴 블루스를 성공적으로 타파하기 위해서는 썰매 위에 올라앉을 생각은 하지 말아야 한다. 끊임없이 자신에게 말해야 한다. 젊게 생각하고 젊게 살라고.

영국 배우인 마이클 케인은 70대이지만 여전히 활동을 하고 있다. BBC와 인터뷰를 했을 때 그는 은퇴라는 개념에 대해 이렇게 말했다. "우리가 일에서 은퇴하는 게 아니라 일이 우리를 은퇴시키는 것이다." 현재 마이클 케인은 은퇴할 생각이 전혀 없다. 지금 몸 담고 있는 일이 그를 은퇴시킬 기미를 보인다면 마이클 케인은 다른 일을 찾을 것이다.

다시 한 번 요약하자면 나이 들어가는 일에 대해서 떠드는 것을 멈추고 썰매도 그만 쳐다봐라. 나이와 질병을 자신의 주제로 삼지 말자. 당신이 불평을 늘어놓는 것을 보고 싶어 하는 사람은 아무도 없다. 나이와 질병을 주제로 삼는다면 다른 사람들은 아마 이렇게 생각할 것이다. '어떻게 하면 이 우울하고 지루한 사람을 피할 수 있을까?'

사회에서 사라지기를 거부하라

나이 든 사람들과 이야기하는 것을 즐기는 젊은 사람들을 종종 볼 수 있다. 대부분 20~30대의 젊은 사람들은 자신들이 많은 것을 안다고 생각하면서도 나이 든 사람들이 보통 자신들보다 더 많은 것을 알고 있다는 것을 인정한다. 하지만 나이 든 사람들이 "내가 예전에 말이지~" 혹은 "내 나이가 되면 알 거야." 등과 같은 말을 늘어놓으면 젊은 사람들은 한 발자국 물러설 것이다.

인생에 대한 낡은 견해를 가지고 있다면 당신은 늙은 것이 분명하다. 그렇지 않다면 나이를 먹지 않는 영화배우인 조안 콜린스(Joan Collins)가 즐겨하던 말을 떠올려라.

"나이가 드는 것을 좋아하지 않을지도 모르죠. 그러나 그 대신 일어날 일보다 더 낫잖아요."

다행히도 베이비 붐 세대가 점점 자신들이 늙어가고 있다는 것을 인식하고 있다. 그들은 은퇴를 해야 한다는 말을 듣는 일을 진심으로 지겨워하고 있다. 그들 중 몇몇은 긍정적인 태도를 갖기 위한 노력으로 자신이 할 수 있는 일을 찾아 시작할 것이다. 당신의 마음속에 그런 생각이 담겨져 있다면 그것으로 충분하다.

전 세계적으로 대부분의 신규 회사는 성공을 거두지 못했다. 50대 이상이 사업을 시작하는 비율이 최대인 웨일즈에서만 다른 노래를 부르고 있다. 50대 이상이 시작한 회사 중 85%가 성공을 거두었다. 부모 세대가 빠져버린 '65세 은퇴'라는 덫에 걸리기를 단번에 거절한 진취적이고 활기찬 사람들이 회사 운영을 시작한 것이다. 이들은 썰매에 올라타기를 거부하고 있다.

이 사람들이 한 엄청난 생각의 변화는 계속 일해야만 하기 때문이 아니라 일을 계속하기를 원하기 때문에 일을 멈추지 않는다는 것이다. 결국 이들은 계속해서 일을 하고 있다. 그들의 일과 직업은 그들의 기술과 성격을 나타낸다. 일은 그 일을 하는 사람이 어떤 사람이냐를 나타내고 그 사람의 존재를 반영한다. 단순히 탁자에 음식을 놓는 행동만이 그들의 일임을 의미하는 것이 아니란 소리다. 사람들은 자신이 상자에 넣어져 사회에서 사라지기를 거부한다.

계속해서 일하면 충만한 삶을 살 수 있다

'베이비 붐 세대'라는 끔찍한 이름표가 매달려 있는 우리는 다양한 종류의 직업에 종사하고 있다. 어떤 사람은 다른 사람들보다 부자이고, 교육을 더 받았으며 더 건강한 상태이다. 게다가 모두 같은 방법으로 투표하지 않는다. 비디오나 DVD 플레이어 같은 물건을 만들어 낸 사람들도 있을 것이다. 그러나 우리 모두가 그런 일을 할 수 있는 건 아니다. 그래도 우리는 컴퓨터와 휴대전화를 사용할 수 있고 계속 일하면서 기쁨으로 충만한 인생을 살 수 있다.

사람들이 은퇴를 해야만 한다고 일반적으로 받아들인 생각은 아이러니로 가득 차 있다. 교황들이 죽기 전까지 맡은 일을 수행하는 것을 봐라. 심지어는 겨우 숨만 쉴 정도가 되어서도 계속해서 일을 한다. 옳고 그름을 판단하고 이 땅의 법을 해석하는 사람들인 검사들이 80대에 접어들어서도 세계에서 가장 존중되는 법정에 앉아 있는 것을 볼 수 있다. 죽을 때까지 검사직을 계속하는 사람들도 있다.

세계에서 가장 큰 가전제품 제조회사 중 하나는 창립 때부터 함께한 엔지니어들을 종업원 명부에 계속 올려놓는 것을 강조한다. 이들은 엔지니어링 부서에 책상이 있고 원할 때에는 언제든 회사에 나올 수 있다. 전문 지식과 다방면에 지혜를 갖추고 있는 귀한 인재들이기에 그러한 대우를 해주는 것이다. 중요한 문제가 발생할 때마다 젊은 엔지니어들은 창립 멤버였던 엔지니어에게 도움을 청하기도 한다.

로날드 레이건이 미국 대통령으로 당선됐을 당시 그의 나이는 69세였다. 또한 몇 해 전에 80세에 접어들었지만 아직도 살인적인 일과를 소화하고 있는 영국 원저의 여성도 있다. 지난 54년 동안 이 여성은 3만 통 이상의 편지를 받았으며 자신의 가든 파티에서 1만 1천 명의 손님을 대접했다. 바다 건너 130개 나라를 260회 방문하기도 했다. 그녀는 620개가 넘는 단체와 자선단체의 후원자이며 꽉 차 있는 일정으로 인해 하루도 같은 일상을 보낸 적이 없다.

화요일 오후 6시 30분마다 영국에서 가장 권력 있는 수상이 그녀에게

국내와 국외 사건에 대해 보고를 한 후 나랏일에 대한 그녀의 생각을 귀 기울여 듣는다. 오랫동안 윈스턴 처칠과 마가렛 대처를 포함한 10명의 영국 수상이 화요일 오후마다 그녀를 찾아간다. 그녀는 자신의 80세 생일에 전 세계에서 3만 7천여 통의 생일 축하 카드와 이메일을 받았다. 그녀는 여전히 많은 사람이 좋아하는 할머니이다.

그녀가 은퇴한다는 소식이 있을까? 분명 그런 이야기는 없다. 영국의 여왕은 은퇴하지 않는다. 여왕은 계속해서 자신이 할 일을 할 뿐이다. 각국의 대사를 영접하고 작위를 수여하고 국가의 일을 가장 높고 위대한 사람들과 의논하고 중요한 건물 오픈 행사에 공식적인 개시자로 참여하고 은행을 방문하고 자신의 경주용 말이 있는 마구간을 점검하면서 말이다.

은퇴하지 않는 또 다른 부류가 있다. 바로 농부이다. 농부는 계속 일하지만 그들은 이겨내기 어려운 장벽에 부딪히곤 한다.

브루스는 도시에 사는 사람이 늘상 일컫는 '이 땅의 소금' 같은 존재이다. 이는 도시 사람들이 의지할 수 있고 세상이 계속되는 한 어려운 일하기를 마다하지 않는 사람들을 지칭하는 말이다. 브루스는 뉴사우스웨일즈의 오스트레일리아 사람들이 모여 사는 구역에서 4대째 농사를 짓고 있다.

어느 여름, 100년 만에 가장 끔찍한 가뭄이 찾아 왔다. 사람들은 메마른 땅에 찾아오는 가뭄에 익숙해져 있었지만 이번에는 달랐다. 몇 달이 아닌 몇 년 동안 가뭄이 지속된 것이다. 브루스는 농부라면 반드시 해야 하는 일을 했다. 가축을 먹여 살리기 위해 은행에서 대출을 받았다. 가뭄이 계속

되자 브루스는 대출을 점점 더 많이 받았다. 하지만 지속된 가뭄으로 인해 브루스는 돈을 갚지 못했다. 농부들은 실패를 하면 모든 것을 잃게 된다. 농장뿐만 아니라 집과 생계, 노령 연금, 공동체 등 모든 것을 잃는다. 그 결과는 참담했다. 50대 후반에 브루스는 은퇴를 논하기 시작했다. 하지만 브루스는 자신의 내면에서 꿈틀거리는 무언가를 발견냈다. 브루스가 잃지 않은 것은 생존하고자 하는 본능적인 욕구였다. 천성적으로 지니고 태어난 구명조끼는 쉽게 빠질 수 있는 좌절의 바다에서 브루스를 구했다.

브루스가 제일 먼저 한 현명한 일은 자신의 힘으로는 은행 빚과 가뭄에 이길 수 없다는 사실을 깨달은 것이었다. 그때 주정부에서는 왕립 원조 기관을 통해 같은 어려움을 겪고 있는 농부들을 위한 구제 사업을 펼치고 있었기 때문에 브루스는 남들보다 운이 좋았다고 할 수 있다. 정부의 도움으로 브루스는 은행 직원과의 그럴 듯한 토의를 통해 은행과 자신에게 모두 적합한 탈출 전략을 조정할 수 있었다. 이 계획은 브루스가 삶을 되찾으면서 임대한 땅에서 번식용 가축을 키우며 방목할 수 있게 해주었다.

물론 브루스와 그의 가족은 훨씬 더 작은 집에 거주하게 되었으며 아이들은 사립 기숙사 학교가 아닌 공립학교에 다니게 되었다. 용기와 굳은 결심이 필요했다. 수입과 사회적 지위는 잃었지만 품위는 잃지 않았다.

가장 중요한 가축을 지킨 브루스는 다른 농부들의 기구를 이용하여 그들의 일을 하기 시작했다. 그로부터 6개월 후에 브루스는 자신의 트랙터를 가지게 되었고 18개월이 더 지나서는 전문적인 일꾼을 거느리고 번창한 사업을 일구는 안정된 농장 도급인이 되었다. 3년 후에 아이들은 기숙사 학교로 다시 돌아갈 수 있었다. 이제 브루스는 가족 농장을 다시 구입하기 위한 계획을 세우고 일하고 있다. 그에게 '은퇴'라는 단어는 사라진 지 오래였다.

더 이상 '만약'이라는 말을 사용하지 말라

행복한 은퇴 후의 삶을 사는 방법에 관한 리스트는 수없이 펼쳐져 있다. 관계를 사랑하기, 운동, 신선한 과일과 깨끗한 물 섭취하기, 규칙적인 생활 유지하기, 금연하기 등. 이와 같이 상식적으로 명백한 방법도 있지만 리스트는 여기에서 끝나지 않는다. 행복한 은퇴 후의 삶을 살기에 관한 글을 쓰면서 먹고사는 사람들이 있다. 그런 사람들은 보통 정원을 가꾸고 간단한 일을 즐기라고 조언한다. 그런 일들이 당신이 할 수 있는 전부라는 뜻을 풍기면서 말이다. 저축 계획과 연금 제도, 은퇴 마을 등에 관한 조언에는 끝이 없다. 그렇다면 이런 조언들이 공통적으로 지니고 있는 것은 무엇일까? 바로 '두려움'이다.

이 모든 조언은 당신이 미래에 대해 두려움을 품어 당신을 돌볼 다른 사람을 위해 돈을 쓰는 일에 수긍하도록 만들어진 충격적인 작전이다. 그들의 유일한 목표는 독립적 사고 과정을 제거하고 오직 '자신들'만이 도울 수 있는 은퇴의 악몽을 당신이 받아들이게 하는 것이다.

이것은 정말 소름끼치는 일이다. 이런 사람들은 모두 당신이 삶을 포기하고 더 잘 알고 있는 젊은 사람들에게 삶의 통제권을 넘기는 일을 도우려고 한다. 필자들이 계속해서 주장하는 말을 기억하라. 이런 사람들은 당신이 일정 나이가 되면 모든 것이 변할 것이라는 사실을 받아들이기를 원한다. 당신이 가만히 있으면 그들은 자신이 원하는 대로 할 것이다. 자기 충족 예언이 될 것이며 당신도 이에 만족할 것이다.

어렸을 때는 한 달이 굉장히 중요하게 느껴지기도 한다. 많은 아이가 자신의 나이를 그냥 대답하지 않고 곧 16살, 곧 18살이 된다고 말하는 것을 본 적이 있을 것이다. 일종의 시간 경과 통과 의식이다. 그러다가 우리는 어느 순간 그런 말을 하지 않는다. 어른이 됐기 때문이다.

그러니 60세가 됐을 때 갑자기 다시 어린아이처럼 변하는 일은 말도 안 된다. 당신들의 시대는 이제 끝났으니 뒤로 물러서라는 젊은 사람들의 주장을 도대체 왜 받아들여야 하는 걸까? 이런 일은 일어나지 않을 것이다. 우리는 계속해서 삶을 지속하면서 우리가 나중을 위해 미뤄 둔 모든 일을 하기 시작할 것이다. 더 이상 '만약에……'라는 말은 사용하지 말라.

이렇게 하면 좀 더 분별 있게 시간을 사용하기 시작할 것이며 삶을 더 자유롭게 즐기기 시작할 것이다.

당신은 자유로운 인간이다. 이는 당신 스스로 얻어낸 결과다. 자신만이 그 일을 할 수 있다는 것을 깨달았기에 얻은 것이다. 친구들은 당신이 운이 좋은 거라고 말하겠지만 그들은 틀렸다. 이런 일에 운은 필요하지 않다. 당신은 그렇게 말하는 친구들보다 더 똑똑하고 현명했을 뿐이다.

이제 당신은 65세 혹은 60세, 심지어는 55세에 일을 그만두고 '불모지'에 자신을 묻을 생각을 하지 않을 것이다. 당신이 알고 있는 1946년생인 빌

클린턴과 쉐어 등 자신의 분야에서 왕성하게 활동하는 사람들을 생각해보라. 그리고 그들과 자신이 어떠한 차이점을 가지고 있는지 자문해보라.

지금 하고 있는 일을 계속할 수 없는 이유가 있다면 직업 변경을 깊이 고민해 볼 필요가 있다. 당신의 상상력은 앞으로 경험할 인생의 예고편이라는 것을 기억하라. 자신만을 위해 상상력을 발휘하라. 멋진 일을 상상하고 그 일에 알맞은 때를 정하라. 그러면 상상이 현실로 이루어질 것이다.

은퇴의 대체물은 단지 일의 속도를 줄이고 열심히 일하는 것이 아니라 현명하게 일하는 것이다. 시베리안 허스키의 경우를 기억하고 절대로 썰매에 올라탈 생각은 하지 말라.

Key points to Remember

- 스스로 늙었다고 생각했을 때에만 당신은 늙은 것이다.

- 젊게 생각하고 젊음을 유지하라.

- 당신이 원하는 것을 가져다주는 생각의 힘을 얕보지 말라.

- 계속해서 삶을 살면서 잠시 미뤄 둔 일을 다시 시작하라.

- 열심히 일하는 것보다 현명하게 일하라.

Part 19

마지막은
가까이에 오지 않았다

당신은 당신을 보좌할 수 있는 능력과 재능을 갖춘 삶의 본질적 요소를 가득 담고 있는 가방을 하나 가지고 이 세상에 도착했다. 그러니 이 세상은 당신이 현재는 물론 미래에도 계속해서 일을 하는 것을 막지 못한다. 당신의 가방이 여전히 소중한 자산으로 차고 넘친다는 것을 깨달은 이상 당신은 삶을 지속시킬 수 있으며 미래를 위한 계획을 세울 수 있다. 인생은 간단하다. 하지만 우리는 자라면서 '인생'이란 단어를 믿을 수 없을 만큼 복잡하게 만들어버렸다. 그로 인해 다시 시작하는 데 어려움을 느끼는 것이다.

은퇴를 하지 않기로 결심하기는 했지만 현재에 안주하며 살 수는 없지 않은가? 이는 우리가 나누고 있는 모든 일과 우리 대부분이 가지고 있는 재정적 현실에 관한 핵심을 찌르는 좋은 질문이다.

기본부터 다시 시작하라

기본 원칙을 반복해보자. 당신은 유전적으로 번영하고 생존하기 위해 완벽하게 갖춰진 생존 가방을 가지고 태어났다. 생존을 향한 당신의 본능은 수백만 년 동안의 진화를 거쳐 정련되었고 당신의 인도자가 되어 당신이 선택한 길이 안전한지 그렇지 않은지를 구분해준다. 사람들은 종종 이런 현상을 '타고난 본능' 혹은 '직관'이라고 생각한다. 하지만 유감스럽게도 쓰린 경험을 통해 우리는 직관이라고 알려져 있는 더 나은 결정을 무시해야 한다고 배워왔다.

다시 한 번 강조하겠다. 당신의 직관은 '신성한 선물'로서 당신이 소유할 수 있는 가장 소중한 재산이다. 직관은 당신에게 특별한 것이며 개인이 소유할 수 있는 가장 강력한 도구이다. 직관을 사용하는 법을 연습하면 이내 값을 헤아릴 수 없이 소중한 것임을 깨닫게 될 것이다. '더 나은 선택'을 저버리고 희생이 큰 결정을 한 후에 후회하는 사람들의 이야기를 수도 없이 들어보았을 것이다.

우리가 원하는 모든 것은 우리의 가방 안에 들어 있다. 우리 대부분은 우리 자신의 타고난 재능과 통찰력을 간과하고 우리에게 해결책과 답을 줄 다른 사람을 찾아 헤맨다. 실제로 우리는 우리의 문제를 풀어주겠다고 제안하는 셀 수 없이 많은 사람과 기관에 의해 그렇게 하도록 적극 추천받았다.

그런 사람들의 일장연설은 대개 이렇게 진행된다.

"은퇴를 생각하고 계십니까? 보험에 가입하여 여생을 위한 자금을 마련하세요. 저희와 함께 주식, 부동산, 선물(先物) 상품에 투자를 하세요. 당신이 말만 하면 뭐든지 대령하겠습니다."

이 세상에는 "제 말만 믿으세요"라고 외치는 컨설턴트와 역술인들이 넘쳐난다. 그러니 우리의 첫 질문으로 돌아가자. 어떻게 은퇴를 피할 수 있을까? 당신은 어떤 일을 해야 할까? 간단하게 A B C로 요약하도록 하겠다.

A. 사고방식(Attitude)

B. 믿음(Belief)

C. 용기(Courage)

먼저 당신에게는 변화를 원하는 정신적, 심적 의향이 필요하다. 그런 후 당신은 스스로 변화를 일으킬 수 있다고 믿어야 한다. 마지막으로 이를 실천에 옮길 수 있는 용기가 필요하다. 즉시 행동으로 옮겨라. 좋은 소식은 우리는 이미 생존 가방에 쓰이기만을 기다리고 있는 특성을 모두 가지고 있다는 점이다.

그렇다면 어떻게 이런 행동 변화가 새 직업을 얻거나 현재 종사하고 있는 일을 그만두게 할 수 있을까? 자기 자신이 크루즈 미사일이라고 생각해봐라. 목표를 설정하고 정보를 정리한 후에 계속해서 목표에 초점을 맞춰라. 역류가 발생해 수정이 필요하다면 수정을 하고 계속해서 일을 진행하라.

크루즈 미사일은 직선으로 발사되지 않는다. 왼쪽, 오른쪽, 위, 아래, 모든 방향으로 흔들거린다. 마치 일반적인 사람이 결정을 내리는 과정과 비슷하다. 당신처럼 크루즈 미사일에도 내장 컴퓨터가 있다. 미사일이 위, 아래, 왼쪽, 오른쪽을 이리저리 움직일 때마다 컴퓨터는 궤도를 수정 조정한다. 때때로 이 과정이 지나치게 조정되어 미사일이 목표물을 맞출 때까지 지속적인 조정이 필요할지도 모른다.

당신의 내장 컴퓨터도 똑같은 작업을 할 것이다. 당신의 내장 컴퓨터인 직관은 그 어떤 미사일 컴퓨터보다 몇만 배 유능하다. 환상적이지 않은가. 당신을 위해 맞춤 설계됐을 뿐만 아니라 지불해야 하는 금액도 없다. 그냥 당신은 직관을 사용하기만 하면 된다. 당신을 위해 특별 맞춤 설계된 것을 다른 사람들이 제어하지 못하도록 유의하라.

아무도 당신을 막지 못한다

당신은 유일무일한 개별의 창조물이다. 누가 당신을 창조했는지 혹은 어떻게 당신이 창조되었는지는 우리의 논쟁에 있어서 전혀 중요하지 않다. 중요한 점은 당신이 능력과 재능을 잔뜩 지니고 이 세상에 태어났다는 사실이다. 우리 대부분은 어떤 분야에서 다른 사람보다 뛰어난 구석이 있다. 지금 당신이 서 있는 자리는 잠재적인 재능과 땀나는 노력, 가끔씩 찾아오는 운의 결합체일 것이다. 당신은 당신의 경험의 결과가 만들어 낸 존재이다. 그러니 그 어떤 것도 현재와 미래에서 자신을 위해 경험을 사용하는 것을 막을 수 없다. 단 한 가지 조심해야 할 것이 있다. 그것은 바로 두려움이다.

앞서 말했듯 두려움은 안전함의 그림자이다. 우리를 대신해 결정을 내리고 우리에게 남은 인생을 어떻게 살아야 한다고 말하기를 원하는 사람들이 이용하는 것이 바로 두려움이다. 당신은 이를 거절하기만 하면 된다. 삶의 지배력을 되찾아라. 정말 간단한 일이다.

종말론자나 비관주의자가 마지막이 가까이 왔다고 말하는 것을 듣는다면 마지막은 상관없다는 점을 기억하자. 중요한 것은 매일매일 인생을 충만하게 사는 것이다. 세상에 선언하라.

"나는 잠시 살고 포기하려고 태어난 것이 아니다. 나는 인생이라는 여정의 매 순간을 살기 위해 이 땅에 태어났다."

아무것도 당신을 막지 못할 것이다.

필자들은 바이러스 같은 존재인 은퇴의 실체를 알리고 은퇴가 삭제할 수 있는 개념이라는 사실을 알리기 위해 이 책을 집필했다. 우리는 은퇴의 신화를 폭발시키고 싶었다. 그 누구도 은퇴할 필요가 없다는 점을 강하게 믿었기 때문이다. 우리는 변화하는 환경과 요구에 맞춰 우리의 삶을 다시 정렬할 필요가 있다. 그러나 우리가 일하는 것을 멈추고 할 일 없이 빈둥거려야 할 이유는 없다.

필자들이 말하고자 하는 요점이 바로 이것이다. 유용하고 유익한 삶을 지속하면 자유로울 수 있다.

당신은 혼자가 아니다. 다들 은퇴가 자연스러운 진행 과정이며 의무이자 권리라고 믿도록 교육받았다. 자, 이제 당신은 은퇴가 자연스럽지 않다는 사실을 깨달았을 것이다. 우리의 꿈은 아직 끝나지 않았다. 그러니 당신의 어휘에서 '은퇴'라는 단어를 완벽하게 지워버려라.

이제 당신은 진정으로 성공한 사람들의 대열에 오를 것이다. 은퇴를 해도 아무런 문제나 걱정이 없지만 은퇴할 생각을 전혀 하지 않는 그런 성공한 사람들과 어깨를 나란히 할 것이다. 성공한 사람들은 열정이 있기에 자신이 하는 일을 사랑한다. 참된 열정은 사라지지 않는다. 따라서 성공한 사람들은 절대로 멈춰 서지 않는다.

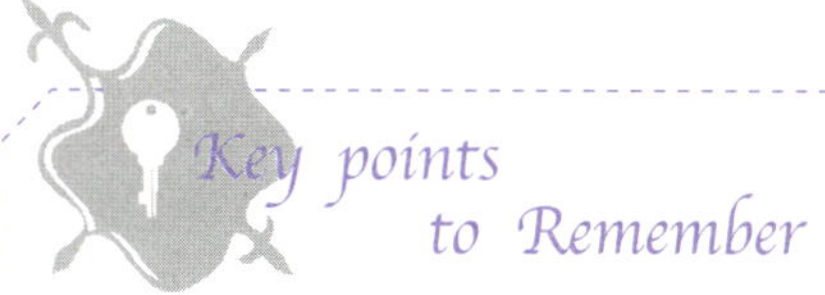

- 당신은 계속해서 살아나갈 것이다.

- 지금부터 시간과 돈, 인생을 좀 더 현명하게 관리하라.

- '~하겠지'라는 말은 삼가라.

- 인생을 되찾기 위해 은퇴를 하겠다는 말은 하지 말라.

당신의 삶은 당신 손에

실천에 옮겨라. 당장 행동을 개시하라. 정해진 어느 날에 쓰레기 더미에 파묻히는 신세가 될 것이라는 그릇된 의견은 더 이상 믿지 말라. 이는 사실이 아니며 예로부터 내려오는 전통과도 맞지 않다. 현실은 이와 거의 반대라는 사실을 당신은 잘 알고 있을 것이다. 당신의 존재의 이유는 이로운 방향으로 의욕적이고자 하는 충동으로 끊임없이 움직인다. 은퇴라는 굴레를 피하기에 전혀 늦지 않았다는 것도 알고 있다. 이미 은퇴의 길에 발을 들여놨을지라도 충분히 되돌릴 수 있다. 그러니 항상 긴장을 늦추지 말라.

- 지금보다 훨씬 더 긍정적인 태도를 가지고 아직도 은퇴의 메시지를 전하고 있는 길 잃은 영혼들에게서 자신을 보호하라.

- 당신을 당신의 돈에게서 멀어지게 하려는 일명 '재정 상담가'들 따위는 무시하라. 건강과 몸매를 유지하면서 계속 일하며 스스로의 미래에 투자를 할 당신에게 재정 상담가는 필요하지 않다.

- '65세 전까지만 쓸모 있음'이라는 거짓말로 당신을 두렵게 만드는 충격적인 술책을 더 이상 받아들이지 말라.

- 인생 최고의 순간이 이미 지나갔다고 해서 더 이상 중요한 일도, 좋은 날도 없을 것이라고 생각하지 말라.
- 계속해서 인생과 재정 계획을 세워야만 삶을 현 상태로 유지할 수 있다.
- 세월이 바뀌었다는 것을 깨달아라. 은퇴는 과거의 유산일 뿐이다. 노동은 우리의 삶에 있어서 필수 조건이 되었다.
- 우리는 막대기에 달랑달랑 매달려 있는 당근을 보며 힘을 얻는 당나귀 같은 존재가 아니다.
- 모든 복잡한 문제 아래에는 간결함이 숨어 있다.

정치인들은 전체적인 연금 계획 시스템이 곧 지불 능력을 상실한다는 경고를 할지도 모른다. 그러나 당신은 이런 말에 동요하지 말라. 더 이상 당신이 걱정해야 할 문제가 아니다. 직관적인 뇌가 '안전하고 살아남을 수 있는 일이라면 뭐든지 할 것'이라는 간단한 메시지를 주입시키는 것에 귀를 기울여라. 당신에게 어떤 것이 옳고 그른지를 말해주는 당신만의 독특하고 믿음직스러운 직관에 귀를 기울여라.

새롭지만 지루한 곳으로의 이사를 계획하는 등의 말도 안 되는 일은 더 이상 하지 말자. 당신은 실천이 있는 곳에서 살 것이며 앞으로도 현재 속해 있는 공동체의 일원이 될 것이다. 하는 일 없이 지내거나 쓸모없는 삶을 살 것이라는 의심은 버려라. 인생을 충만하게 살기 위한 실천 계획이 있다면 진정한 미래를 맞이할 수 있다.

당신은 삶과 운명에 관한 주도권을 되찾았기 때문에 모든 일을 다시 시작할 수 있다. 은퇴는 당신을 망가뜨리지 않을 것이고 당신은 보람 있는 삶을 지속할 것이다. 결국 은퇴는 그 어떤 일보다 더 많은 사람을 죽인다. 그 누구도 당신의 뇌를 가로채 생존 본능을 파괴하지 않을 것이다. 당신은 어떤 일을 해야 하고 어떻게 하는지에 관한 삶의 변화를 깨달아야만 한다. 하지만 걱정하지 않아도 된다. 당신은 도전을 받아들일 준비가 되어 있지 않은가. 필자들의 메시지를 확인한 당신은 분명 누군가가 구조의 손길을 내밀 때까지 마냥 기다리고만 있지 않을 것이다.

'시야에서 사라지다', '사회에서 물러나다' 이와 같은 은퇴의 정의를 절대로 잊지 말라. 열심히 일하는 것보다 좀 더 현명하게 일하는 것에 은퇴를 대체할 수 있는 방법이 있다.

지식과 경험 그리고 기술이 당신의 무기이다. 은퇴를 해서 이런 환상적인 자산을 썩힌다면 당신은 바보다. 성장한 경제는 자신들이 직면하고 있는 사회적, 경제적 위기에서 벗어나기 위해 나이가 든 경험자를 원하고 있다. 이는 당신을 위한 시장이 성장하고 있음을 의미한다. 당신은 물질적 소유뿐만 아니라 정신적, 심리적인 안녕이라는 개인적 부를 갖춘 사회적으로 유용하고 생산적인 존재로 새로운 의미를 부여받았다.

그중 가장 좋은 점은 은퇴하는 것을 거부함으로써 재정적 안정과 독립을 지켜냈다는 사실이다. 당신은 실제적인 공헌을 하며 여생을 위해 열심히 살아가는 긍정적이고 활기찬 사람들과 더불어 실제 세계에 머물 것이다. 계획을 세우고 목표를 설정하면서 말이다.

또한 당신은 최선을 다해 건강 유지에 필요한 모든 방법을 꼼꼼하게 유지할 것이다. 건강한 식단과 정기적인 운동이 얼마나 중요한지 알기에 올바르게 먹고 운동하며 충분한 수면을 취할 것이다. 7시간 30분에서 8시간 동안 충분한 수면을 취하면 생산성이 증가하고 삶의 질이 높아지는 것을 발견할 것이다. 이 모든 노력은 앞으로 다가올 날들을 위해 당신을 최상의 상태로 만들어 줄 것이 분명하다.

이제 당신은 자신의 삶을 어떻게 살아갈지에 대한 결정을 하면서 책임을 지고 있다. 은퇴를 한다거나 당신을 재정 부재 상태로 이끄는 우울한 대화는 이제 그만하라. 당신의 삶을 줄곧 이끌어 온 사람은 바로 당신이다. 삶의 주도권을 어느 누구에게도 빼앗겨서는 안 된다.

더 이상 피해자처럼 굴거나 우리가 할 수 있었지만 하지 못했던 일 때문에 속상해 하지 말라. 지나간 세월보다 앞에 펼쳐질 인생을 계획하며 행동해야 한다. 지금은 소원이 이뤄지기만을 기다리는 것이 아닌 꿈꾸던 삶을 살기 위해 움직일 때이다. 더 이상 "만약에……"라고 읊조리지 말라. 더 이상 끙끙대거나 불평하지도 말라. 젊게 생각하는 마음은 영원히 젊은 상태를 유지시켜 줄 것이다. 당신에게 60대는 새로운 40대가 될 것이다.

해결책은 너무나도 간단하다. 계속해서 일하면서 기쁨으로 가득한 삶을 살아라. 어떤 이유에서든 지금 하고 있는 일을 계속해서 하지 못하게 된다면 다른 일을 찾아야 한다.

이제 당신의 마음에는 자세와 믿음, 용기가 가득 채워졌을 것이다. 이제 그동안 배운 것을 향해 나아가라. 목표를 향해 나아가자. 지금 당장.

역자 후기

당신 삶의 주인공은
바로 당신이다

1990년대 말, 우리나라에 IMF 한파가 몰아치면서 본인의 의지와는 상관없이 평생직장이라고 생각하던 일터를 떠나야 하는 일이 생겨났다. 이로 인해 '조퇴(조기 퇴직)'와 '명퇴(명예퇴직)'라는 신조어가 생겨나기도 했다. 그 후 10년이 지난 지금, 우리의 현실은 어떠한가? 새로운 직장 혹은 일거리를 찾아 제2의 삶을 살고 있는 사람도 있지만 회사가 쥐어준 퇴직금을 알뜰하게 운용하면서 그 자리에 주저 앉아버린 우리 시대의 아버지들도 있다. 게다가 전세계적인 경제 불황으로 인해 한 치 앞을 예상할 수 없는 경제적 현실에서 많은 사람이 고용 불안 혹은 취업 대란을 겪고 있다. 이 틈을 이용해 소위 '전문가'들은 적금, 연금 혹은 보험을 통한 자금 관리를 통해 은퇴 후의 생활을 하루라도 빨리 준비해야 한다며 상품을 판매하고 있다.

'퇴직'과 '은퇴'의 개념에 대해 다시 한 번 생각해 보자. 우리는 흔히 '퇴직=은퇴'라고 생각하는 경향이 있다. 어느 정도의 나이가 되면 자연스럽게 퇴직을 하고, 조용하고 우아하게 은퇴 생활을 즐길 수 있을 거라 생각한다. 은퇴는 힘겨운 노동 생활의 값진 보상이라고 여겨지고 있다.

그러나 이 책을 집필한 필자들에 의하면 그런 생각은 모두 허상일 뿐이다. 필자들은 은퇴라는 개념이 생겨난 경제적 배경을 설명하면서 은퇴가 자연스러운 삶의 부분이 아닌, 자본 사회가 만들어 낸 개념임을 지적하고 있다. 산업사회 이전의 농경 사회에서는 농부들이 은퇴하는 법이 없었다. 다른 장인들도 마찬가지다. 우리들의 선조는 후손에게 가업 혹은 기술을 물려주고 눈을 감는 그날까지 자신의 자리를 지켰다. 그런데 왜 우리는 나이가 들거나 어느 정도 사회 생활을 하면 은퇴를 꿈꾸는 것일까? 필자들은 사회적으로 은퇴할 나이를 훌쩍 넘겨서도 커리어를 쌓고 있는 사람들의 예를 들며 나만의 인생을 꾸리기 위해 준비해야 할 것, 지켜야 할 것 등을 각 장 별로 일목요연하고 정리해 주고 있다. 필자들이 전하는 메시지는 간결하면서도 강렬하다. 은퇴라는 단어 자체를 머릿속에서 지워버리고 자신을 위해 열심히 살 것! 우리 삶의 주인공은 바로 우리이다. 삶에 대한 결정권을 가진 주체도 우리이다. 그러니 다른 사람이 우리가 언제 일을 그만둬야 하는지 결정할 수는 없는 노릇이다. 게다가 필자들은 상당수의 노년 노동 인구가 경제적인 문제로 인해 일을 지속하고 있는 현실에 개탄하며 정말 본인 스스로를 위해 일을 계속할 것을 주장하고 있다.

사실 나는 번역 작가라는 프리랜서로 활동 중이기 때문에 노후 대책에 대해 많은 고민을 해왔다. 안정된 직장에 다니면서 누가 봐도 알뜰하게 돈을 모으고 있는 친구가 있다. 자신은 40대에 은퇴하여 인생을 마음껏 즐길 것이라 입버릇처럼 말하는 그 친구를 부러워하던 때가 있었다. 그러나 이 책을 통해 은퇴라는 거짓 신화를 깨트릴 수 있었다. 이제는 아무것도 두렵지 않다. 이제 나는 지금 하고 있는 일을 할 수 있을 때까지 즐기면서 지속할 장기 계획을 세우고 있다. 고여 있는 물은 썩는다고 하지 않았던가.

이미 퇴직을 했거나 퇴직을 앞둔 사람은 물론 현장에서 열심히 일하고 있는 사람, 사회에 막 발을 들인 초년생들에 이르기까지 다양한 연령대의 독자들이 이 책이 전달하고자 하는 삶에 대한 간결하지만 참된 메시지를 제대로 받아들이길 바란다. 당신 삶의 주인공은 바로 당신이다!

_조경연